Aprender

Office 2013
con 100 ejercicios prácticos

Aprender

Office 2013
con 100 ejercicios prácticos

marcombo
ediciones técnicas

Aprender Office 2013 con 100 ejercicios prácticos

© 2014 MEDIAactive

Primera edición, 2014

© 2014 MARCOMBO, S.A.
   Gran Via de les Corts Catalanes, 594
   08007 Barcelona
   www.marcombo.com

En coedición con:

© 2014 ALFAOMEGA GRUPO EDITOR, S.A. de C.V.
   C/ Pitágoras 1139 - Colonia del Valle
   03100 - México D.F. (México)
   www.alfaomega.com.mx

Diseño de la cubierta: NDENU DISSENY GRÀFIC

ISBN por Marcombo: 978-84-267-2077-1

ISBN por Alfaomega: 978-607-707-1533-3

D.L.: B-13661-2013
Printed in Spain

Presentación

APRENDER OFFICE 2013 CON 100 EJERCICIOS PRÁCTICOS

100 ejercicios prácticos resueltos que conforman un recorrido por las principales funciones de la suite. Si bien es imposible recoger en las páginas de este libro todas las prestaciones de Office 2013, hemos escogido las más interesantes y utilizadas. Una vez realizados los 100 ejercicios que componen este manual, el lector será capaz de manejar con soltura las funciones comunes de la suite, tanto en el ámbito profesional como en el particular.

LA FORMA DE APRENDER

Nuestra experiencia en el ámbito de la enseñanza nos ha llevado a diseñar este tipo de manual, en el que cada una de las funciones se ejercita mediante la realización de un ejercicio práctico. Dicho ejercicio se halla explicado paso a paso y pulsación a pulsación, a fin de no dejar ninguna duda en su proceso de ejecución. Además, lo hemos ilustrado con imágenes descriptivas de los pasos más importantes o de los resultados que deberían obtenerse y con recuadros IMPORTANTE que ofrecen información complementaria sobre los temas tratados en los ejercicios.

Gracias a este sistema se garantiza que una vez realizados los 100 ejercicios que componen el manual, el usuario será capaz de desenvolverse cómodamente con las herramientas de Office 2013 y sacar el máximo partido de sus múltiples prestaciones.

LOS ARCHIVOS NECESARIOS

En el caso de que desee utilizar los archivos de ejemplo de este libro puede descargarlos desde la zona de descargas de la página de Marcombo (www.marcombo.com) y desde la página específica de este libro.

A QUIÉN VA DIRIGIDO EL MANUAL

Si se inicia usted en la práctica y el trabajo con Office 2013, encontrará en estas páginas un completo recorrido por sus principales funciones. Pero si es usted un experto en el programa, le resultará también muy útil para consultar determinados aspectos más avanzados o repasar funciones específicas que podrá localizar en el índice.

Cada ejercicio está tratado de forma independiente, por lo que no es necesario que los realice por orden (aunque así se lo recomendamos, puesto que hemos intentado agrupar aquellos ejercicios con temática común). De este modo, si necesita realizar una consulta puntual, podrá dirigirse al ejercicio en el que se trata el tema y llevarlo a cabo sobre su propio documento de Office.

OFFICE 2013

Office 2013 es la nueva versión de la famosísima suite de ofimática del mismo nombre. Entre las distintas aplicaciones que ofrece, hay cuatro que son, por su utilización, más conocidas y tratadas: Word, Excel, PowerPoint y Access. Word es un procesador de textos, Excel es un gestor de hojas de cálculo, PowerPoint permite la creación de presentaciones con diapositivas y Access es un sofisticado gestor de bases de datos. Las cuatro aplicaciones son utilizadas tanto por usuarios particulares como por empresas por su fácil manejo, su efectividad y el amplio repertorio de útiles de que dispone.

Estas aplicaciones mantienen una interfaz común, basada en la denominada Cinta de opciones, así como una serie de funciones que comparten su eficacia y su utilidad altamente renovada. Así, desde la renovada vista Backstage, las cuatro aplicaciones pueden crear nuevos archivos, abrirlos, guardarlos e imprimirlos. La versión 2013 facilita todavía más todas estas acciones y amplía las posibilidades de almacenamiento y de compartir documentos con otros usuarios, incluyendo la integración con alguna de las redes sociales más populares.

Cómo funcionan
los libros **"Aprender..."**

El título de cada ejercicio expresa sin lugar a dudas en qué consiste éste. De esta forma, si le interesa, puede acceder directamente a la acción que desea aprender o refrescar.

Los ejercicios se han escrito sistemáticamente paso a paso, para que nunca se pierda durante su realización.

El número a la derecha de la página le indica claramente en qué ejercicio se encuentra en todo momento.

Los recuadros Importante incluyen acciones que deben hacerse para asegurarse de que realiza el ejercicio correctamente y también contienen información que es interesante que aprenda porque le facilitarán su trabajo con el programa.

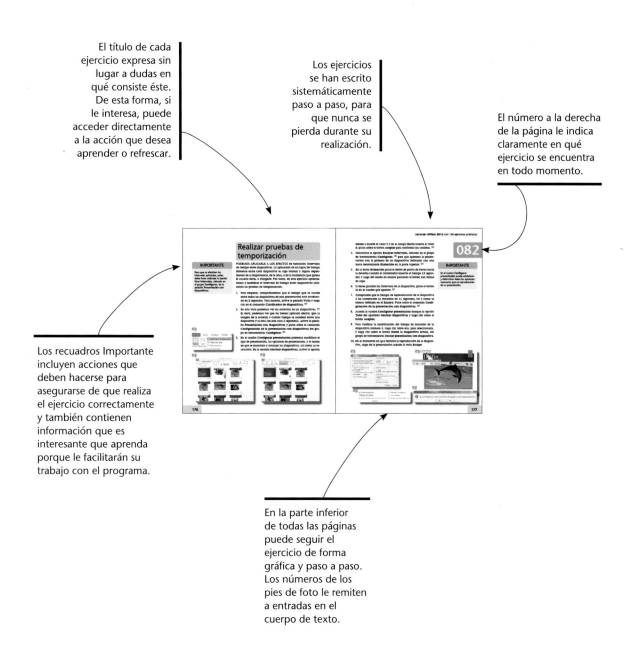

En la parte inferior de todas las páginas puede seguir el ejercicio de forma gráfica y paso a paso. Los números de los pies de foto le remiten a entradas en el cuerpo de texto.

Índice

Índice

Acceder a las aplicaciones de Office 2013

OFFICE PRESENTA NUMEROSAS NOVEDADES EN SU versión más reciente, la versión 2013. Lo primero que se aprecia al acceder a cualquiera de las aplicaciones que forman la suite de ofimática de Microsoft es una apariencia mucho más organizada, con todas las características que ya existían mejoradas y otras nuevas. Los responsables de la compañía han puesto todo su afán en ordenar de forma lógica y sencilla opciones y comandos para que todo sea mucho más accesible.

1. Empezamos este libro desde la pantalla de inicio de Windows 8. Todos los programas instalados en el sistema pasan a formar parte en forma de icono en las sucesivas ventanas de esta pantalla de inicio. Localice por ejemplo el icono correspondiente a Microsoft Word y pulse sobre él para abrir la aplicación.

2. La suite de ofimática Office 2013 cuenta actualmente con 10 aplicaciones: Word, Excel, PowerPoint, Access, Outlook, Publisher, OneNote, InfoPath (Designer y Filler) y Lync. De las cuatro primeras nos ocuparemos en este libro. Al pulsar sobre el icono de cualquiera de estas aplicaciones aparece a modo de bienvenida una ventana con el nombre del programa.  En pocos segundos, la aplicación se abre en pantalla. Office 2013

Si usted trabaja sobre una versión de Windows, recuerde que encontrará la carpeta de Office con todas las aplicaciones en el menú de inicio del sistema.

Desde la pantalla de bienvenida del programa puede detener la carga del mismo o minimizar la ventana.

proporciona al usuario un acceso mucho más rápido a los documentos, tanto nuevos, como recientes o plantillas. Por esta razón, antes de cargar la interfaz del programa, se abre la vista Backstage con una serie de plantillas para empezar a trabajar. En la parte izquierda de esta ventana aparecerán los documentos de texto recientes, en el caso en que haya trabajado con alguno, y podrá acceder a la ventana **Abrir** mediante el comando **Abrir otros Documentos**. Pruebe abrir cualquier otra aplicación de Office y compruebe como, efectivamente, en lugar de cargar la interfaz del programa con un documento en blanco se muestra esta vista.

3. Como veremos más adelante, usted puede elegir empezar con un documento en blanco o una plantilla y, en este caso, puede decidir realizar una búsqueda en línea para encontrar temas concretas según sus necesidades. En la parte superior derecha de esta vista puede ver cuatro botones: el primero le conducirá a la ayuda del programa y los tres siguientes le permitirán minimizar, restaurar o maximizar y cerrar la ventana. En cuanto al texto **Inicie sesión para obtener el máximo rendimiento de Office**, hablaremos con detalle de él en el próximo ejercicio. Mantenga abierta una de las dos aplicaciones para poder continuar trabajando con normalidad. Para cerrar la otra, pulse el botón de aspa situado en la parte superior derecha de la ventana.

001

IMPORTANTE

Cada una de las aplicaciones de Office cuenta desde sus orígenes con un color que le representa y distingue del resto. Así, el color de Word es el azul, el de Access el granate o fucsia, el de Excel el verde y el de PowerPoint, el naranja.

Access

Excel

Iniciar sesión en Office 2013

OFFICE 2013 DA LA OPORTUNIDAD AL USUARIO de estar disponible siempre y en cualquier lugar, desde cualquier equipo, gracias a una cuenta de Microsoft. Esta cuenta le permitirá llevar a cabo muchas acciones no sólo con Office, sino también con muchos otros productos de la misma compañía. Una de estas acciones es la posibilidad de cargar sus documentos en la nube para poder consultarlos desde cualquier otro equipo o dispositivo móvil y compartirlos con otros usuarios.

1. En este ejercicio le mostraremos cómo iniciar sesión para sacar el máximo rendimiento de Office 2013. Para ello, supondremos que dispone de una cuenta de Microsoft. Si no es así, no se preocupe, puesto que durante el proceso le mostraremos cómo crear una fácilmente. Puede trabajar sobre cualquiera de las aplicaciones abiertas en el ejercicio anterior. Para empezar, haga clic sobre el vínculo **Inicie sesión para obtener el máximo rendimiento de Office**, en la vista Backstage.

2. En la ventana Inicio de sesión, debe introducir la dirección de correo electrónico de la cuenta que desea utilizar con Office. La principal ventaja que presenta el inicio de sesión es la posibilidad de guardar sus documentos en línea para tener acceso a ellos desde cualquier sitio y compartirlos con otros personas. Escriba la dirección que desee y pulse el botón **Siguiente**.

Una vez haya iniciado sesión con su cuenta de Microsoft, y siempre que usted no indique lo contrario, Office le reconocerá cada vez que acceda a una de sus aplicaciones.

Mediante el vínculo Más información puede obtener más datos acerca de las cuentas de Microsoft disponibles.

002

3. Siempre y cuando disponga de un conexión a Internet en el equipo, aparece la ventana **Iniciar sesión**, en la cual debe insertar la contraseña de su cuenta. Hágalo y pulse el botón **Iniciar sesión**.

4. Como hemos indicado antes, si no dispone actualmente de una cuenta Microsoft, puede pulsar el vínculo **Regístrate ahora**, que le llevará, en la misma ventana, a un breve formulario que usted deberá rellenar con sus datos para poder crear la cuenta. Afortunadamente, el proceso es rápido y sencillo.

5. Una vez iniciada la sesión, los datos de su cuenta aparecen en la parte superior derecha de la ventana, tanto de esta de entrada como en la propia interfaz del programa. Si pulsa el vínculo **Cambiar de cuenta** situado debajo de los datos de su cuenta volverá a la ventana **Iniciar sesión en Office** desde la cual podrá elegir otra cuenta de identificación.

6. ¿Cómo puede consultar los datos de su cuenta de Microsoft? Desde el comando **Cuenta** de esta vista cuando se encuentra algún elemento abierto. Para comprobarlo, pulse sobre el elemento **Presentación en blanco**.

7. Haga clic sobre la pestaña **Archivo** y pulse sobre el comando **Cuenta**, en el panel de comandos de la parte izquierda de la ventana.

8. La sección **Cuenta** muestra a la izquierda la información de usuario y a la derecha, la del producto.

IMPORTANTE

El vínculo **¿Qué es esto?** situado en la parte superior de los campos para el inicio de sesión abren en la misma ventana una pequeña ayuda acerca de las ventajas de poseer una cuenta de Microsoft.

> Atrás
>
> ¿Qué es una cuenta Microsoft?
>
> Puedes usar una cuenta Microsoft para acceder a servicios como **Hotmail**, **SkyDrive**, **Xbox LIVE** y **Windows Phone**. Si tienes un Windows Live ID, ya tienes una cuenta Microsoft. Para ver más información, visita http://go.microsoft.com/fwlink/?LinkID=254486.

Desde la sección Cuenta puede cambiar cualquier aspecto de su cuenta, así como cerrar la sesión actual.

Conocer la interfaz común de Office 2013

LA INTERFAZ DE OFFICE 2013 ESTÁ DISEÑADA para que el usuario encuentre todas las herramientas de un modo sencillo. La interfaz de las aplicaciones de Office no presentan grandes novedades en cuanto a organización se refiere, aunque sí muestran ligeros cambios en su diseño.

1. Realizaremos este ejercicio sobre el procesador de textos de la suite, Word. Una vez abierto, haga clic sobre el elemento **Documento en blanco** para acceder a la interfaz del programa crear a la vez un nuevo documento. 🔲

2. Ubicaremos los distintos elementos de interfaz que son comunes en todas las aplicaciones de Office 2013. En la parte superior izquierda se sitúa la **Barra de herramientas de acceso rápido**, que muestra por defecto en forma de icono tres comandos: **Guardar**, **Deshacer** y **Repetir**. 🔲 El icono de la aplicación, situado en el extremo izquierdo de esta barra, permite gestionar la ventana del programa. Modificaremos el tamaño de la ventana de la aplicación. Pulse sobre este icono, que muestra una W de color azul, en el menú que se despliega, haga clic sobre el comando **Restaurar**. 🔲

3. La ventana reduce sus dimensiones. 🔲 En el extremo opuesto al que ocupa la **Barra de herramientas de acceso rápido**, se

003

encuentra un grupo de cinco botones que se encargan de ejecutar tres de las acciones mostradas en el menú que acabamos de ver: minimizar, maximizar o restaurar y cerrar la ventana del programa. Los dos primeros son una novedad en esta versión del programa; el icono con un interrogante abre la ayuda de la aplicación y el siguiente permite gestionar la cinta de opciones. **5** Haga clic en el cuarto botón de este grupo para maximizar de nuevo la ventana.

4. La Barra de título se sitúa entre los dos grupos de botones que acabamos de comentar y muestra siempre el nombre del documento activo y el de la aplicación que se está ejecutando. **6**

5. La Cinta de opciones, el elemento situado debajo de la Barra de título, contiene todos los comandos y las opciones ejecutables en los programas. La novedad que presenta esta cinta en cuanto a su diseño es sencillamente el modo en que se muestran las letras: en mayúsculas. La Cinta de opciones puede contraerse. Para ello, pulse sobre el icono de punta de flecha situado en el extremo derecho de este elemento **7** y, tras comprobar que ahora se muestran sólo las pestañas, haga clic sobre una de ellas para restablecer los comandos y herramientas.

6. Pulse sobre el icono que muestra un pincho en la parte derecha de la cinta de opciones para volver a anclarla en la interfaz del programa. **8**

7. El último elemento común es la **Barra de estado**, situada en la parte inferior de la interfaz y que también ha sido ligeramente rediseñada en esta versión del programa. **9** En ella se presentan datos acerca de aspectos concretos del documentos activo y permite cambiar el modo de visualizarlo, así como aplicar un zoom.

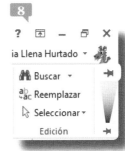

Puede minimizar o desanclar la Cinta de opciones pulsando la combinación de teclas Ctrl + F1.

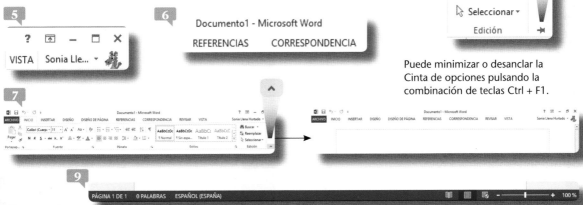

Crear y abrir documentos

CON LAS MEJORAS APLICADAS A LA SUITE de Microsoft Office, empezar a trabajar es mucho más sencillo. Como hemos visto en ejercicios anteriores, la versión 2013 de la suite abre sus aplicaciones mostrando la renovada vista Backstage, permitiendo crear un documento nuevo en blanco, basado en una plantilla o bien abrir archivos existentes.

1. Llevaremos a cabo este ejercicio desde la aplicación Word, abierta en estos momentos, aunque sepa que el procedimiento que seguiremos es aplicable a todos los programas de Office. Crearemos un nuevo documento en blanco. Haga clic sobre la pestaña **Archivo**.

2. Accedemos así a la renovada y mejorada vista **Backstage** de Office, mostrando la sección denominada **Abrir**. Sitúese en el comando **Nuevo**.

3. La sección **Nuevo** permite crear nuevos documentos utilizando para ello alguna plantilla del inmenso catálogo de plantillas en línea disponibles. Utilice la **Barra de desplazamiento vertical** de esta sección para visualizar algunas de las existentes y elija una de ellas, la que usted desee.

4. Se abre de esta forma una ventana emergente con información acerca de la plantilla elegida. Evidentemente, y dado que

004

el catálogo de plantillas se encuentra online, deberá contar con una conexión a Internet en su equipo para poder descargarla. Pulse el botón **Crear** para descargar la plantilla y crear así un nuevo documento.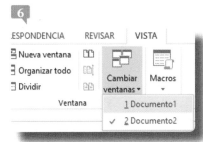

5. Compruebe en la Barra de título que este nuevo documento se denomina **Documento2** y está basado en la plantilla elegida. Haga clic sobre la ficha **Vista**, pulse sobre el comando **Cambiar ventanas** para ver qué ventanas hay abiertas y haga clic sobre el nombre **Documento1** para situarlo en primer plano.

6. Por último, abriremos un documento de texto existente. Para ello, le recomendamos que descargue desde nuestra página web el archivo denominado **Hemingway.docx** y lo guarde en su carpeta de documentos. Cuando disponga de él, acceda de nuevo a la vista **Backstage** y pulse sobre el comando **Abrir**.

7. A medida que vaya trabajando con el programa, se irá generando una lista con los documentos utilizados que usted podrá recuperar fácilmente desde la opción **Documentos recientes**. El comando **Otras ubicaciones web** le permite acceder a sus carpetas guardadas en la nube. Haga clic sobre el comando **Equipo**, localice su carpeta de documentos y abra el archivo elegido.

8. Vea en la Barra de título del programa el nombre del nuevo documento. Para terminar, pulse el botón **Cerrar** de esta misma barra para cerrar el documento activo.

IMPORTANTE

Cuando hablamos de libros, nos referimos a los archivos que trata **Excel**, cuando hablamos de documentos, nos referimos a los archivos de **Word**, cuando hablamos de bases de datos, a los archivos de **Access** y cuando hablamos de presentaciones, lo hacemos de los documentos de **PowerPoint**.

Los documentos guardados y cerrados en Word pasan a formar parte de la lista de **documentos recientes**, ubicada en la vista Backstage.

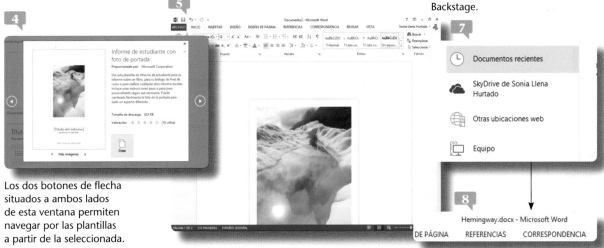

Los dos botones de flecha situados a ambos lados de esta ventana permiten navegar por las plantillas a partir de la seleccionada.

Almacenar documentos

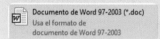
PARA REGISTRAR LOS AVANCES realizados es necesario guardar o almacenar el archivo tratado. Si bien los procesos para salvar los cambios son idénticos en todas las aplicaciones de la suite, ello no quiere decir que la extensión de los programas sea la misma. Siendo programas de ofimática diferentes, Word muestra la extensión .docx, Excel el formato .xlsx, Access tiene como extensión archivos .accdb y PowerPoint el formato .pptx. En este ejercicio le mostraremos las distintas formas de guardar los trabajos realizados en Office 2013.

1. Empezaremos trabajando con el documento basado en una de las plantillas de ejemplo tratada en el ejercicio anterior. Como todavía no la hemos almacenado, haga clic sobre el comando **Guardar** de la **Barra de herramientas de acceso rápido**. 🔳

2. Office 2013 ha mejorado notablemente el proceso de almacenamiento de archivos incluyendo en la vista Backstage el acceso a las últimas ubicaciones utilizadas. 🔳 Si ninguna de las ubicaciones le interesa, pulse sobre el botón **Examinar**, localice la carpeta que desee en el cuadro **Guardar como**.

3. Escriba como nombre de archivo la palabra **Plantilla** y pulse sobre el botón **Guardar**.

4. En la Barra de título puede comprobar el nuevo nombre. 🔳 A continuación, realizaremos un pequeño cambio en el docu-

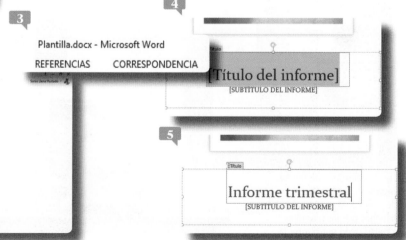

La combinación de teclas que permite guardar documentos es Ctrl + G.

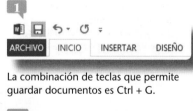

005

mento y lo almacenaremos de nuevo. Seleccione con un clic el título del informe (deberá utilizar la Barra de desplazamiento vertical para visualizarlo)  y escriba el término de ejemplo **Informe trimestral.**

5. Registre el cambio usando la tecla **Guardar** de la **Barra de herramientas de acceso rápido**, seleccione la pestaña **Archivo** y pulse sobre el comando **Cerrar.**

6. A continuación, muestre la **vista Backstage** y pulse sobre el comando **Abrir.**

7. Además de dar acceso a las distintas ubicaciones de origen disponibles, este comando muestra una lista de los documentos utilizados recientemente en Word. Haga clic sobre el documento **Plantilla.docx** para abrirlo en el área de trabajo del programa.

8. Compruebe que, efectivamente, el cambio en el título se ha almacenado sin problemas. Office 2013 permite guardar documentos en otros formatos, siempre que la compatibilidad entre aplicaciones lo permita. Para ello, entre de nuevo en la **vista Backstage**, seleccione el comando **Exportar** y seleccione la opción **Cambiar el tipo de archivo.**

9. Los tipos de archivo presentados en esta lista se adaptan al formato generado por la aplicación trabajada. Para dar por terminado este ejercicio, haga clic sobre el botón **Atrás** de la vista Backstage para volver al documento **Plantilla.**

IMPORTANTE

Gracias a las mejoras realizadas en Office 2013, podemos crear archivos en esta versión y convertirlos a versiones anteriores. También podemos compatibilizar versiones anteriores con la presente, convertir archivos a otros formatos o abrir, modificar y almacenar documentos de otras aplicaciones de la suite en el que estemos usando en ese momento.

El hecho de utilizar el comando **Exportar** para guardar un documento en otro formato distinto al predeterminado representa una novedad de Office 2013.

Almacenar en la nube

HAY OTRA POSIBILIDAD DE GUARDADO de archivos común a toda la suite de Office 2013: el almacenamiento en la nube. La nube es como un almacén de archivos en el cielo, al que puede llegar siempre que se encuentre conectado a Internet. Office 2013 se encuentra perfectamente integrado con SkyDrive, al almacén en cuestión gestionado por Microsoft, lo que supone que usted como usuario de Office puede cargar a este espacio sus documentos y tenerlos siempre disponibles, tanto para usted como para otras personas.

1. Continuamos trabajando con el documento de Word creado en el ejercicio anterior, aunque sepa que los pasos mostrados en esta lección son aplicables a cualquiera de los programas de la suite Office 2013. Imaginemos que hemos trabajado en el documento y ahora nos interesa guardarlo en la nube. Para ello, haga clic en la pestaña **Archivo** y pulse sobre el comando **Guardar como**. 🔲

2. Vamos a suponer que todavía no hemos iniciado sesión en Office. En la sección **Guardar como** aparecen en la parte izquierda una serie de ubicaciones, entre las cuales se encuentra **SkyDrive**. Pulse sobre ella 🔲 y haga clic en **Iniciar sesión**. 🔲

Compruebe que para cerrar la sesión actual en Office deberá acceder a la sección **Cuenta** y pulsar sobre el vínculo **Cerrar sesión**.

3. Se abre así la ventana emergente **Inicio de sesión**, en al cual deberá introducir la dirección de correo electrónico de su cuenta Microsoft. Hágalo, pulse el botón **Siguiente** e inicie sesión en la siguiente ventana tras escribir la contraseña de su cuenta.

4. Compruebe como la sesión se ha iniciado en Office y, a su vez, se muestra en la sección **Guardar como** el término **SkyDrive de (su nombre)**. Pulse sobre él para ver las carpetas contenidas en su espacio en la nube.

5. Evidentemente, estas carpetas coincidirán con aquellas que haya creado usted en SkyDrive, ya sea en Internet o en su aplicación de escritorio. Ambas se encuentran sincronizadas. ¿Cómo subimos desde Office uno de nuestros documentos a este espacio de almacenamiento? Mediante el proceso habitual de guardado, es decir, ubicándolo en la carpeta de destino oportuna. Haga clic sobre la carpeta que usted desee como destino para el archivo actual y, en el cuadro de diálogo **Guardar como**, pulse el botón **Guardar**.

6. El documento se encuentra ahora en SkyDrive. En el ejercicio siguiente veremos cómo visualizarlo, tanto si usted dispone de Office instalado en su equipo como si no. Antes de terminar, queremos comentar que también puede llevar a cabo este proceso de almacenamiento en la nube mediante el comando **Compartir** de la vista Backstage, concretamente mediante la opción **Invitar a personas**.

IMPORTANTE

La opción **Agregar un sitio** incluida en la sección **Guardar como** permite agregar un servicio de SkyDrive o de SharePoint, mediante el cual podrá cargar en la nube sus documentos y compartirlos con otras personas.

Agregar un sitio

Evidentemente, deberá contar con una conexión a Internet para poder llevar a cabo este proceso de almacenamiento en la nube.

Visualizar documentos de Office en la nube

EL ALMACENAMIENTO DE CUALQUIER DOCUMENTO de Office en SkyDrive o SharePoint es una novedad que presenta la versión 2013 de la suite ofimática de Microsoft. Para poder visualizar los archivos subidos a la nube, es posible utilizar los programa de escritorio instalados en el equipo o el dispositivo móvil del usuario. Sin embargo, ¿qué ocurre si este usuario no dispone de Office en dichos dispositivos? Ningún problema. Microsoft presenta las aplicaciones web de Office (Office Web App) gratuitas y al alcance de cualquier usuario.

1. En este ejercicio le mostraremos cómo acceder a SkyDrive online y cómo visualizar el documento cargado en el ejercicio anterior. Abra su navegador web, escriba **www.skydrive.com** en la **Barra de direcciones** e inserte los datos de su cuenta de Microsoft para entrar en su espacio de almacenamiento en línea. 🔲

2. SkyDrive se abre mostrando todas las carpetas que usted haya creado, tanto desde su aplicación de escritorio como online. Haga clic sobre la carpeta en la que haya almacenado el documento de texto y pulse sobre él. 🔲

3. Si hace clic directamente sobre el archivo en cuestión, éste se abre por defecto en la correspondiente aplicación web, den-

Si usted ha instalado la aplicación de escritorio SkyDrive, también puede acceder al espacio online desde su icono situado en el área de notificación, concretamente mediante el comando **Ir a Skydrive.com**.

007

tro del mismo navegador. Desde aquí, podemos visualizarlo y modificarlo en un entorno básico. Despliegue el comando **Modificar documento** y elija en esta ocasión la opción **Editar en Word Web App.**

4. La interfaz de la aplicación web cambia ligeramente para albergar algunos de los comandos básicos para modificar el contenido de un documento. Compruebe que junto a la pestaña **Vista** aparece el comando **Abrir en Word**, que le permite acceder a la aplicación de escritorio de la suite correspondiente. Cierre el documento de Word pulsando sobre el botón de aspa situado en el extremo derecho de la **Barra de título** de Microsoft Word Web App.

5. La interfaz de SkyDrive cuenta en su parte superior con una barra de comandos que le permiten desde crear nuevos documentos hasta descargar los incluidos en sus carpetas. ¿Qué ocurre si desea abrir en su aplicación de escritorio un documento guardado en SkyDrive? Usted puede elegir esta opción desde la barra de comandos de este espacio. Para ello, seleccione el documento que desea abrir, despliegue el comando **Abrir** y elija la opción **Abrir en...**

6. El documento se abre sin problemas en la aplicación elegida. Resulta interesante comprobar que el icono **Guardar** de la **Barra de herramientas de acceso rápido** se visualiza ligeramente distinto debido a la actualización del documento online en el caso de que sea modificado. Le instamos a que realice algún cambio y, tras almacenarlo, compruebe que dicho cambio se ha actualizado correctamente en la versión online del documento. Termine este ejercicio cerrando su navegador web.

IMPORTANTE

Si desea crear nuevos documentos de Office desde SkyDrive utilice el comando **Crear** de su barra de comandos. Puede generar documentos de Word, libros y encuestas de Excel, presentaciones de PowerPoint y notas de OneNote. Una vez creados podrá abrirlos tanto en la correspondiente aplicación web como de escritorio.

Documento de Word
Libro de Excel
Presentación de PowerPoint
Bloc de notas de OneNote
Encuesta de Excel

Si desea editar el contenido en Word, elija la opción **Modificar en Word**.

Compartir documentos

LA VERSIÓN 2013 DE OFFICE PRESENTA UNA IMPORTANTE mejora a nivel de interfaz en cuanto a la acción de compartir archivos. Ahora el usuario encontrará bajo un único comando todas aquellas opciones que le permitirán compartir con amigos y familiares todos los documentos que le interese.

1. En este ejercicio le mostraremos el mejorado comando que Office 2013 presenta parta compartir documentos. Para ello, trabajaremos sobre una presentación, denominada **Mis animalitos.pptx**, que puede descargar desde nuestra página web y almacenar en la carpeta de **Documentos** del equipo. Sin embargo, puede llevar a cabo el proceso sobre cualquier otro documento de Office, puesto que el los pasos a seguir son exactamente los mismos. Abra el archivo en cuestión en PowerPoint y haga clic sobre la pestaña **Archivo**.

2. Accedemos así, como ya sabe, a la renovada vista Backstage. El comando **Compartir** es el que nos interesa en estos momentos. Haga clic en él para mostrar las opciones que contiene.

3. De esta forma Microsoft agrupa en una misma sección todas aquellas opciones destinadas a este mismo fin, compartir con otros usuarios. La opción **Invitar a personas** permite, al mismo tiempo que guarda en la nube el documento, enviar un

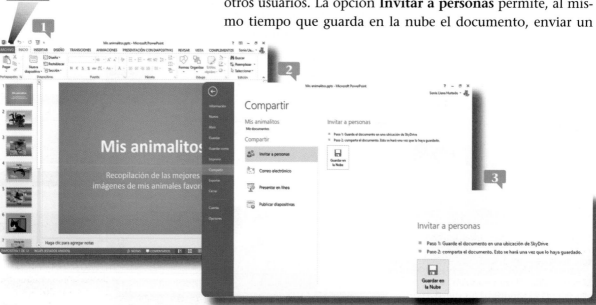

28

correo electrónico a aquellas personas que tendrán acceso al documento. Pulse sobre el botón **Guardar en la Nube**. 3

4. De inmediato, el programa nos envía a la sección Guardar como, con la que hemos trabajado en ejercicios anteriores. Elija una de las carpetas ubicadas en su SkyDrive y guarde en ella el documento actual.

5. Al guardar el documento en la nube, la pantalla se actualiza volviendo a la sección **Invitar a personas**. Ahora se trata de introducir la o las direcciones de correo electrónico de las personas con las que desee compartir su documento y pulsar el botón **Compartir**. 4

6. Los vínculos de uso compartido son útiles para compartir documentos con grupos grandes o cuando se desconoce la dirección de email de todos los destinatarios. El comando **Compartir** también permite compartir sus documentos en una red social en la que usted se encuentre registrado. 5 Pulse ahora sobre la opción **Correo electrónico**.

7. La versión 2013 de Office ha reunido bajo este mismo comando todas las opciones que permiten enviar de distintas formas el documento actual: archivo adjunto, PDF, XPS, etc. 6 Las dos últimas opciones permiten presentar los documentos en línea mediante un nuevo servicio gratuito de Microsoft y publicarlos en distintas ubicaciones web. Utilice cualquiera de estas opciones y comparta con los suyos sus mejores materiales.

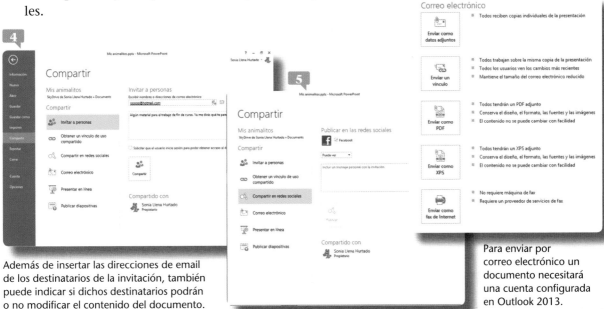

Además de insertar las direcciones de email de los destinatarios de la invitación, también puede indicar si dichos destinatarios podrán o no modificar el contenido del documento.

Para enviar por correo electrónico un documento necesitará una cuenta configurada en Outlook 2013.

Presentar documentos en línea

IMPORTANTE

Puede resultar interesante leer el acuerdo de servicio que de forma automática usted acepta al iniciar el servicio de presentaciones en línea de Microsoft. Para ello, pulse sobre el vínculo **Acuerdo de servicio** situado en la descripción del servicio en la vista Backstage.

Al hacer clic en Presentar
Acuerdo de servicio

LA PRESENTACIÓN DE DOCUMENTOS EN LÍNEA es una opción incluida como novedad en dos de los programas de Office 2013: Word y PowerPoint. Se trata de un servicio gratuito que permite visualizar online los documentos seleccionados ante aquellos usuarios invitados por el propietario del documento. Dicha invitación será recibida en forma de vínculo que conduce al espacio en que se lleva a cabo la mencionada presentación.

1. Llevaremos a cabo esta práctica sobre la misma presentación de PowerPoint con la que hemos trabajado en el ejercicio anterior, aunque sepa que el proceso mostrado será idéntico para cualquier documento de Word 2013. Pulse sobre la pestaña **Archivo.**

2. De esta forma accedemos a la vista Backstage. Haga clic sobre el comando **Compartir** y pulse esta vez sobre la opción **Presentar en línea.**

3. Al elegir esta opción puede consultar toda la información relativa a este fantástico servicio gratuito en línea. Marque la opción **Permitir a los espectadores remotos descargar la presentación** y haga clic sobre el botón **Presentar en línea.**

La activación de la opción que permite la descarga de la presentación por parte de los espectadores es optativa.

009

4. Tras un breve proceso en el cual la aplicación se pone en contacto con el servidor, 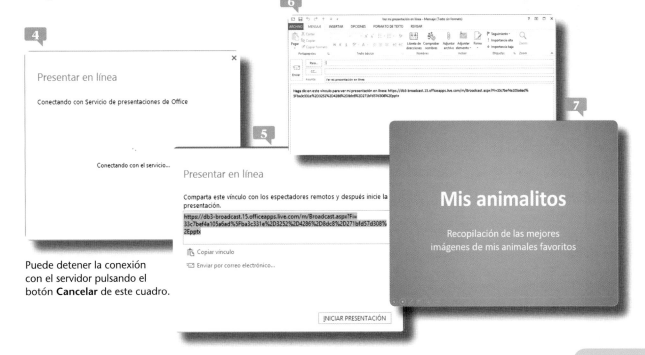 se muestra en una ventana emergente el vínculo que usted enviará a los destinatarios a quien le interesa que visualice su presentación. Puede copiar el vínculo y pegarlo en un mensaje nuevo o bien activar el envío automáticamente desde este cuadro. Si pulsa sobre la opción **Enviar por correo electrónico**, se abrirá un nuevo mensaje en cuyo cuerpo puede leerse un breve texto seguido del vínculo sobre el cual el destinatario deberá pulsar para ver la presentación en línea.

5. Una vez haya gestionado el envío del vínculo según sus preferencias, haga clic sobre el botón **Iniciar presentación**.

6. La presentación se ejecuta al instante a pantalla completa. Si sitúa el puntero del ratón en la parte inferior izquierda de la pantalla aparecen los botones para controlar la presentación. En este instante, los destinatarios que hayan recibido la invitación y hayan, por tanto, seguido el vínculo incluido en el mensaje podrán visualizar al mismo tiempo que usted el documento expuesto. Para salir de la presentación, pulse sobre el último de los controles, elija la opción **Finalizar la presentación**  y, en el cuadro de diálogo que le advierte que al cerrar desconectará también a los espectadores, pulse en **Finalizar presentación en línea**.

Puede detener la conexión con el servidor pulsando el botón **Cancelar** de este cuadro.

Imprimir documentos

DESDE LA VISTA BACKSTAGE DE OFFICE 2013 SE GESTIONA la impresión y tratado final de los documentos. Desde la impresión rápida hasta la vista preliminar para ultimar los retoques finales del documento pasan por esta vista. En este ejercicio conocerá las ventajas de la vista Backstage con respecto a la preparación de un documento para su impresión.

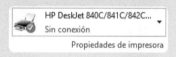
1. Trabajaremos con un documento de Word denominado **Arcoylira.docx** que puede descargar de nuestra página web. Una vez abierto en el área de trabajo, pulse sobre la pestaña **Archivo** y haga clic sobre el comando **Imprimir**. 🔲

2. Este comando está formado por dos paneles: el de la vista previa y el de preparación e impresión. Como observará, la vista previa muestra una sola página a un nivel de zoom determinado para adaptarse al contenido de la página. Puede modificar el zoom mediante los botones - y + de la barra deslizante. Los comandos asignados a **Configuración** sirven para manejar el documento y definirlo antes de su impresión. Así pues, haga clic sobre el comando **Imprimir todas las páginas**, fíjese en las distintas opciones que ofrece y mantenga seleccionada la opción predeterminada. 🔲

Las opciones incluidas en el comando Imprimir todas las páginas han cambiado ligeramente, aunque únicamente en cuanto a terminología se refiere.

3. De este modo se imprimirá todo el documento. Fíjese en que más abajo hay un apartado donde podemos escribir el número de páginas que queremos imprimir. Del mismo modo, haga clic sobre el comando **Imprimir a una cara** y seleccione la opción **Imprimir manualmente a doble cara**.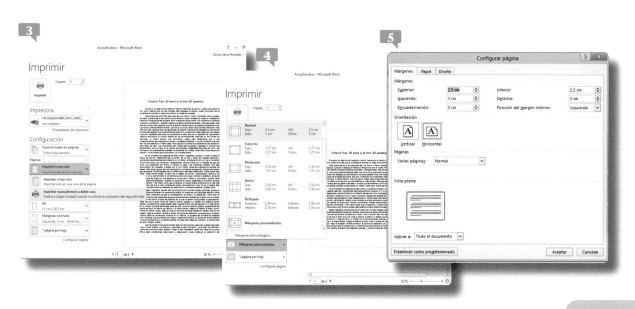

4. Observe que el comando ha cambiado. Ahora, si imprimiéramos nuestro documento, podríamos tener, en un mismo folio, las dos caras escritas. Despliegue el comando **Orientación vertical** y seleccione la opción **Orientación horizontal**.

5. En el apartado de vista preliminar vemos qué ha ocurrido. La distribución del texto y la hoja han cambiado. Ahora vemos la hoja horizontal. Despliegue el comando **Márgenes personalizados** y pulse sobre la opción **Normal**.

6. Todo ello puede ser tratado desde la opción **Configurar página**, la cual abre el cuadro de diálogo del mismo nombre con tres pestañas (**Márgenes**, **Papel**, **Diseño**) que hacen las funciones de los comandos antedichos. Pulse sobre dicha opción, observe las distintas opciones de las distintas pestañas que aparecen en el cuadro de diálogo y cierre este cuadro pulsando el botón de aspa.

7. Para concluir con el ejercicio pulse sobre el comando **Imprimir** para que se impriman las páginas tratadas del modo deseado. (Tenga en cuenta que, si no tiene debidamente instalada una impresora, no ocurrirá nada.)

010

Crear documentos en PDF/XPS

PDF Y XPS SON ARCHIVOS ajenos a Office que, sin embargo, pueden ser destino de documentos creados con cualquiera de las aplicaciones de la suite. Una de las ventajas de convertir documentos en PDF o XPS es que los documentos se convierten sin modificar un ápice sus características (tipo de letra, fuente, formato). En este ejercicio aprenderá a convertir un documento de Office en un archivo PDF y XPS.

1. En este caso, trabajamos con el documento de Excel **Datos de series.xlsx**, aunque podría llevar a cabo el proceso sobre cualquier otro archivo creado con otra aplicación de la suite. Empiece abriendo en pantalla el mencionado documento (recuerde que puede obtenerlo si aún no lo ha hecho desde nuestra página web). Cuando disponga de él en pantalla, haga clic sobre la pestaña **Archivo** para acceder a la **vista Backstage** y haga clic sobre el comando **Exportar**.

2. El comando Exportar contiene dos opciones: la que permite crear documentos PDF y XPS y la que permite cambiar el tipo de archivo actual. Con la primera de ellas seleccionada, en la parte derecha de esta vista puede consultar algunas de las propiedades que presentan los formatos de este tipo, considerados como formatos fijos. Haga clic sobre el botón **Crear documento PDF/XPS**.

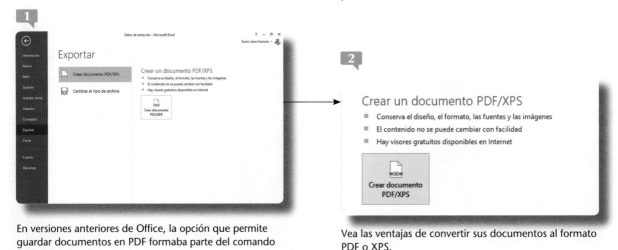

En versiones anteriores de Office, la opción que permite guardar documentos en PDF formaba parte del comando **Guardar y enviar**.

Vea las ventajas de convertir sus documentos al formato PDF o XPS.

011

3. Se abre así el cuadro de diálogo **Publicar como PDF o XPS**, en el cual puede asignar un nuevo nombre al archivo y elegir el formato fijo con que desea almacenarlo (por defecto, se encuentra seleccionado el formato de Microsoft XPS). Despliegue el campo **Tipo** y pulse sobre la opción **PDF**.

4. Podríamos cambiar la ubicación en la que guardar el archivo y su nombre, aunque mantendremos así estas dos propiedades. La opción **Abrir archivo tras publicación** permite al programa mostrar el resultado de la conversión una vez terminada. Haga clic sobre el botón **Publicar**.

5. La conversión es inmediata y nuestro documento se abre, por defecto en Adobe Reader, siempre y cuando, evidentemente, usted lo tenga instalado en su equipo. Cierre el programa pulsando sobre el botón de aspa de su **Barra de título** y, de nuevo en Excel, entre en la **vista Backstage** para acceder otra vez al comando **Exportar**.

6. Como ahora queremos publicar un archivo XPS, pulse sobre el botón **Crear documento PDF/XPS** y seleccione el tipo de documento **XPS**.

7. Pulse sobre el botón **Publicar** y compruebe como también en esta ocasión el resultado de la conversión es inmediato. Windows dispone entre sus aplicaciones predeterminadas del Visor de XPS, utilizado por defecto para abrir el nuevo documento. Una vez haya observado el resultado, cierre el documento **XPS** con el botón de aspa.

Usar la Barra de herramientas mini

AL SELECCIONAR CUALQUIER tipo de texto en cualquier documento de Office, el programa muestra una barra de herramientas en forma de panel semitransparente. Se trata de la Barra de herramientas mini, un elemento de interfaz común en todas las aplicaciones de Office 2013 diseñada para facilitar la aplicación de formato al texto seleccionado. Las características de formato que se pueden aplicar o modificar desde esta barra son el tipo, el estilo, el tamaño y el color de la fuente, la alineación, los niveles de sangría y las viñetas.

1. Trabajaremos en este caso con el documento de Word **Arco-y-lira.docx** para investigar y tratar el uso de la **Barra de herramientas mini**. Así pues, empecemos. Seleccione la primera palabra del cuarto párrafo, esto es: **Objeto**.

2. Al seleccionar con el ratón un fragmento de texto o, como en este caso, una palabra, aparece flotante la Barra de herramientas mini. **1** Fíjese en los comandos que ofrece. Para empezar, subraye la palabra con el comando **Subrayado** (comando con forma de S subrayada) **2** y despliegue la pestaña **Color de fuente** representado por una A subrayada en rojo. **3**

A diferencia de versiones anteriores, la barra de herramientas mini aparece con un 100% de opacidad.

Cualquier cambio realizado desde la **barra de herramientas mini** se refleja en el grupo de herramientas **Fuente** de la Cinta de opciones.

012

3. Se despliega un panel que contiene dos paletas (Colores del tema y Colores estándar) y permite acceder a otras, así como a colecciones de degradados. 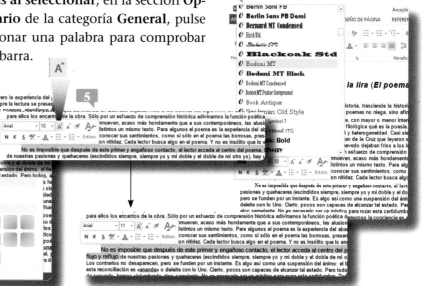 En este caso, elija el color que desee para la palabra seleccionada.

4. La barra de herramientas mini no sólo trabaja con palabras, puede ocuparse de párrafos enteros e, incluso, de todo el documento. No obstante lo mencionado, seleccione la primera línea del tercer párrafo pulsando en el margen izquierdo del mismo, sitúese sobre la **Barra de herramientas mini** y pulse sobre el comando **Aumentar tamaño de fuente**.

5. También es posible modificar el tamaño de la fuente mediante el campo situado a la izquierda de dicho comando. Aplique la opción **Disminuir tamaño de fuente**, despliegue el campo **Fuentes** y seleccione la opción **Bodoni MT**.

6. Para terminar, le mostraremos cómo desactivar (o activar) la **Barra de herramientas mini**. Haga clic en una zona libre de la página para eliminar la selección actual y ocultar así la **Barra de herramientas mini**.

7. Seguidamente, pulse en la pestaña **Archivo** y seleccione el comando **Opciones**.

8. En el cuadro **Opciones de Word** puede desactivar la Barra de herramientas mini. Para ello, haga clic en la opción **Mostrar minibarra de herramientas al seleccionar**, en la sección **Opciones de interfaz de usuario** de la categoría **General**, pulse **Aceptar** y pruebe a seleccionar una palabra para comprobar que ya no aparece la dicha barra.

> **IMPORTANTE**
>
> La **Barra de herramientas mini** aparece siempre por encima del texto seleccionado, mostrando los comandos básicos que también encontrará en el grupo de herramientas **Fuente y Párrafo** de la aplicación.

Puede deshacer cualquier selección usando un clic en cualquier zona libre del documento.

Puede seleccionar un párrafo entero con la aplicación de Word haciendo doble clic a la izquierda del párrafo, sobre el margen izquierdo del documento. Si efectúa un triple clic seleccionará todo el documento.

Cortar, copiar y pegar

ESTOS TRES COMANDOS: Cortar, Copiar y Pegar, están presentes en todas las aplicaciones de la suite desde sus inicios, y sirven para la edición de documentos. Cortar, Copiar y Pegar son comandos que se encuentran en el grupo de herramientas Portapapeles de la ficha Inicio de la Cinta de opciones. No obstante esto, podemos aplicarlas mediante combinaciones de teclas. En este ejercicio manejaremos las funciones de corte, copia y pegado y las opciones de pegado.

1. En este sencillo ejercicio seguimos trabajando con el archivo denominado **Arcoylira.docx**. Seleccione el título **El arco y la lira** y, en el grupo de herramientas **Portapapeles** de la pestaña **Inicio**, seleccione la opción **Copiar**. 🖬

2. Repare en que el comando **Pegar** se activa. Esto quiere decir que lo anteriormente copiado queda almacenado en el portapapeles para posteriormente ser usado. De sus múltiples funciones hablaremos en un ejercicio específico posterior. A continuación pegaremos el título. Sitúese después del punto final del segundo párrafo, pulse una vez la tecla **Retorno** para habilitar un espacio y pulse sobre el comando **Pegar**. 🖬

013

3. El texto se ha pegado, pero sin el formato original, aunque con una etiqueta emergente 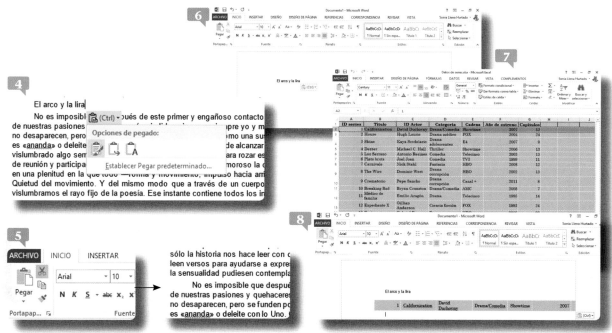 que contiene opciones de pegado. Pulse sobre la punta de flecha de esta etiqueta para mostrar las opciones y ocúltela pulsando la tecla **Escape**.

4. Seguidamente, seleccione el texto pegado, pulse sobre el comando **Cortar** del grupo de herramientas **Portapapeles**, representado por el icono de unas tijeras, y observe que la selección desaparece.

5. A continuación, pegaremos el elemento cortado en un nuevo documento. Para ello, pulse sobre la pestaña **Archivo**, haga clic en el comando **Nuevo** y seleccione la opción **Documento en blanco**.

6. Una vez creado y abierto el nuevo documento en blanco, pulse la combinación de teclas **Ctrl + V**, correspondiente al comando **Pegar**, y compruebe el resultado.

7. Por último, le mostraremos cómo copiar elementos entre programas de la suite Office. Para ello, recupere el archivo de Excel **Datos de series.xlsx**, seleccione la segunda fila del documento y pulse la combinación de teclas **Ctrl +C**.

8. Regrese al **Documento1.docx** donde hemos pegado el título del otro documento y, habilitando un espacio con la tecla **Retorno**, pulse sobre el comando **Pegar** para insertar lo guardado y finalizar el ejercicio.

IMPORTANTE

Puede cortar, copiar y pegar cualquier elemento insertado en un documento de la aplicación Office. Sólo debe tenerse en cuenta el modo de seleccionar cada elemento y las correspondientes opciones de pegado.

Utilizar el Portapapeles

CON EL PORTAPAPELES de Microsoft Office puede copiar texto desde un mensaje de correo electrónico, datos de un libro, una hoja de cálculo, un gráfico de una presentación y pegarlos en un documento de Word, por ejemplo. El Portapapeles de Microsoft Office permite, pues, copiar elementos de un documento de Office a otros programas, o pegarlos a otro documento de Office, sea cual sea la aplicación con la que se haya creado.

1. En este ejercicio necesitaremos tener abiertos dos documentos. Primero de todo abra el documento con diapositivas denominado **Helio.pptx** en primer plano 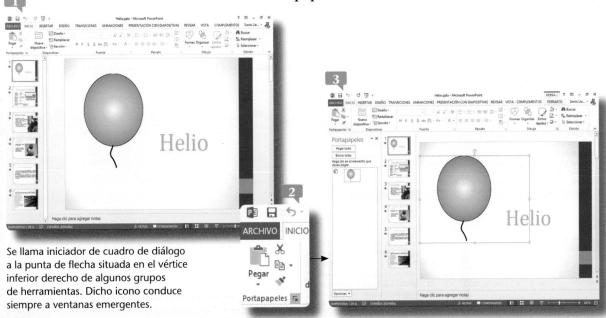 (ya sabe que puede encontrar este material en nuestra página web) y abra el documento **Arcoylira.docx** en segundo plano.

2. Seleccione la imagen del globo que aparece en la primera diapositiva y pulse sobre el comando **Copiar** del grupo de herramientas **Portapapeles**.

3. Para visualizar el Portapapeles, pulse sobre el iniciador de cuadro de diálogo del grupo de herramientas **Portapapeles** y vea como aparece a modo de panel a la izquierda de la pantalla el **Portapapeles**.

Se llama iniciador de cuadro de diálogo a la punta de flecha situada en el vértice inferior derecho de algunos grupos de herramientas. Dicho icono conduce siempre a ventanas emergentes.

4. El panel Portapapeles muestra la imagen copiada. A continuación ponga en primer plano el documento de Word **Arcoylira.docx** y muestre en él el panel **Portapapeles** del mismo modo que hemos visto en PowerPoint.

5. El contenido del Portapapeles en Word es el mismo que el que aparecía en el programa de presentaciones, lo que demuestra que las aplicaciones de la suite están interconectadas. Seleccione el primer párrafo del documento de Word con el ratón, pulse el comando **Cortar** y observe que la acción se registra en el **Portapapeles**.

6. El texto copiado aparece en la parte superior del **Portapapeles**, precedido por el icono de Word, así como la imagen registrada tiene el icono de **PowerPoint**. Ponga en primer plano el documento nuevo creado en el ejercicio anterior (si lo ha cerrado sin guardar cambios, cree otro en blanco).

7. Observe que sigue abierto el **Portapapeles** en este documento en blanco. 🔳 Pues bien, pulse el comando **Pegar** todo para insertar la imagen y el texto.

8. El párrafo se inserta con su formato original, lo mismo que la imagen. 🔳 Una vez mostradas las ventajas del **Portapapeles**, terminaremos el ejercicio restableciendo los cambios. Borre todo lo que conserva el **Portapapeles** pulsando sobre el comando **Borrar todo**. 🔳

9. Para concluir con este ejercicio, cierre sin guardar los cambios el documento actual, así como el documento **Arcoylira.docx** para que, en este caso, se restablezca el párrafo recortado.

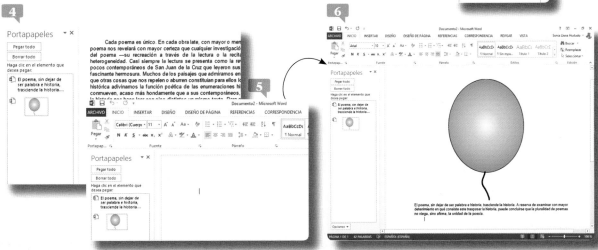

Buscar y reemplazar elementos

OTROS COMANDOS IMPORTANTES y comunes de Office son los denominados Buscar y Reemplazar. Ambos son complementarios uno de otro, pues, como su nombre indica, uno sirve para localizar palabras, signos, elementos en un documento y el otro sirve para reemplazarlas por otras. Es una herramienta de edición cuya denominación puede variar un poco entre los distintos programas de la suite. En Word se denomina Buscar, en Excel Buscar y seleccionar y en PowerPoint Buscar y Reemplazar. En este ejercicio le mostraremos cómo funcionan los tradicionales comandos Buscar y Reemplazar de Office.

1. Como se ha dicho en la introducción, el uso de este comando es prácticamente igual en todas las aplicaciones de la suite. Partiremos, pues del documento de Word denominado **Arco-ylira.docx**. Pulse sobre el comando **Reemplazar**, ubicado en el grupo de herramientas **Edición**, en la pestaña **Inicio.**

2. De este modo se abre el cuadro **Buscar y reemplazar**. Repare en que tiene tres pestañas. En la primera, denominada **Buscar**, hay un espacio habilitado para que inserte el término que quiere encontrar, en la pestaña **Reemplazar** (la activada con el paso anterior), además de añadir espacio para **Buscar**, aparece un espacio **Reemplazar con**. Aquí podemos reemplazar aquello buscado por otro término, otro símbolo, etc. Pulse sobre la pestaña **Buscar.**

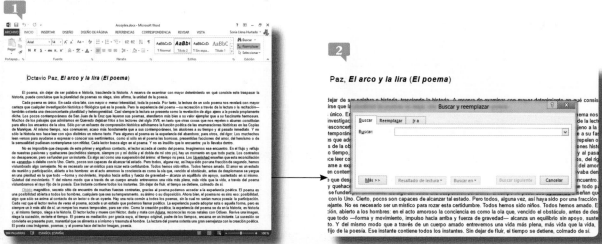

015

3. Escriba el término **flujo** en el campo Buscar, pulse la tecla **Retorno** y una vez hallado el término, pulse el botón **Buscar siguiente**.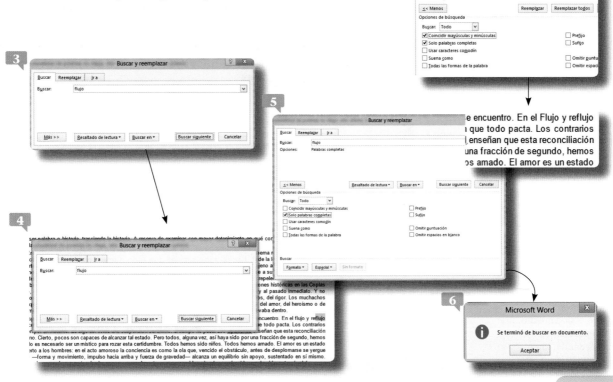

4. Observe que la siguiente palabra encontrada es **reflujo**. Esto quiere decir que el programa, por defecto, busca el término exacto, independientemente del sentido. Si lo que nos interesa es una palabra en concreto, con sus mayúsculas y minúsculas, por ejemplo, o el término exacto, sin nada más, despliegue el comando **Más**.

5. Se despliegan múltiples opciones de búsqueda. Seleccione la opción **Sólo palabras completas**, pulse sobre el comando **Buscar siguiente** y acepte el cuadro que nos indica que la búsqueda en el documento ha finalizado.

6. Pues bien, haga clic en **Buscar Siguiente** para localizar de nuevo la palabra **flujo**, pulse sobre la pestaña **Reemplazar** y escriba en el apartado **Reemplazar con** el término **Flujo** con mayúscula inicial.

7. Marque la opción **Coincidir mayúsculas y minúsculas**, pulse el comando **Reemplazar**, acepte el cuadro emergente que indica que ya no quedan más palabras por modificar y cierre el cuadro **Buscar y reemplazar** pulsando sobre el botón **Cerrar**.

Comandos Deshacer, Rehacer y Repetir

OTRAS DE LAS FUNCIONES COMUNES en todas las aplicaciones de Office, y que suponen una de las grandes y más atractivas ventajas de trabajar con textos en ofimática, son las funciones Deshacer y Rehacer y la novedad de esta versión, Repetir. Casi cualquier acción realizada sobre un documento es reversible, y ello es positivo a la hora de reparar o no estropear el material tratado. Ubicados en la Barra de herramientas de acceso rápido, los comandos se activarán cuando llevemos a cabo alguna acción sobre el documento.

1. En este ejercicio trabajaremos con varios documentos ya tratados. Comenzaremos con el documento de Word **Arcoylira.docx**. Supongamos que viene del ejercicio anterior, que no ha guardado ni cerrado el documento y que, por tanto, la palabra "Flujo" sigue estando en mayúscula. Observe entonces que en la **Barra de herramientas de acceso rápido** se ha activado el comando **Deshacer**. Pulse sobre este comando.

2. Observe que la palabra "flujo" vuelve a estar escrita en minúsculas y permanece seleccionada. Pulse sobre el comando **Rehacer** de la **Barra de herramientas de acceso rápido**, a la derecha del comando **Deshacer**, y compruebe cómo se rehace la acción deshecha.

Octavio Paz, *El arc[o]*

El comando **Deshacer** sólo se activa cuando ha habido una modificación en el documento (empezamos a editarlo, lo modificamos, etc).

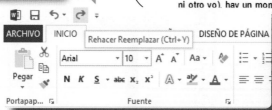

Por tanto, la lectura de un solo poema nos revelará con mayor el poema —su recreación a través de la lectura o la recitación— senta como la revelación de algo ajeno a la poesía propiamente n más bien a su valor ejemplar que a su fascinante hermosura. en tanto que otras cosas que nos repelen o aburren constituían a función poética de las enumeraciones históricas en las Coplas ráneos, las alusiones a su tiempo y al pasado inmediato. Y no xperiencia del abandono; para otros, del rigor. Los muchachos s borrosas, presentidas facciones del amor, del heroísmo o de insólito que lo encuentre: ya lo llevaba dentro.

ntro del poema. Imaginemos ese encuentro. En el Flujo y reflujo ni otro yo), hay un momento en que todo pacta. Los contrarios anishad enseñan que esta reconciliación ido por una fracción de segundo, hemos os hemos amado. El amor es un estado táculo, antes de desplomarse se yergue rio sin apoyo, sustentado en sí mismo. s vida que la vida, a través del poema colmado de sí.

Rehacer Reemplazar (Ctrl+Y)

016

3. Una vez usado ese comando, como no hay otra acción que recuperar, el icono se convierte en el comando **Repetir**, novedad ésta en la versión 2013 de la suite.  Como su nombre indica, dicho comando repite la última acción realizada en la aplicación, siempre y cuando no haya ninguna acción que rehacer. Restablezca el cambio usando el comando **Deshacer** y traiga a primer plano el archivo de Excel denominado **Datos de series.xlsx**.

4. Nuestro objetivo es mostrarle que podemos modificar otros aspectos del documento y deshacer ciertas acciones. Para ello, seleccione con un clic la celda B2 y pulse sobre el comando **Negrita** representado por una N mayúscula en el grupo de herramientas Fuente.

5. El programa permite multitud de retrocesos, importante herramienta cuando estamos trabajando y, por descuido, eliminamos ciertos elementos importantes. Pulse sobre el comando **Deshacer** para devolver el tipo de letra normal a la celda seleccionada.

6. Utilice la **Barra de desplazamiento vertical** para situarse en la fila 24 de la tabla, seleccione todos los campos de esta última fila pulsando sobre su número y pulse la tecla **Suprimir**.

7. Como ve, han desaparecido todos los registros. Como hemos ido viendo, puede recuperar la información eliminada de un archivo Excel siempre y cuando no cierre la aplicación ni registre los cambios. Pues bien, para terminar esta lección solamente tenemos que recuperar la información eliminada y restablecer los cambios. Para ello pulse sobre el comando **Deshacer** en la **Barra de herramientas de acceso rápido**.

La punta de flecha que acompaña a los comandos **Deshacer** y **Rehacer** despliega una lista con las últimas acciones realizadas en el programa que se pueden deshacer y rehacer.

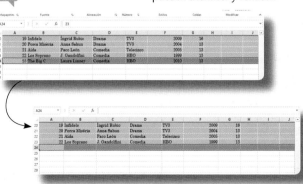

Corregir la ortografía de un documento

IMPORTANTE

El atajo en el teclado que sirve para activar la corrección ortográfica es la tecla **F7**.

TODAS LAS APLICACIONES DE OFFICE 2013 cuentan con la función Ortografía, incluida en el grupo de herramientas Revisión de la pestaña Revisar. Los programas de la suite utilizan un diccionario predeterminado basado en el idioma en el que se instalan, pero el programa dispone de otros diccionarios que pueden adaptarse a la lengua en que se trabaje. En este ejercicio aprenderemos a usar las funciones comunes de edición de Office 2013 dedicadas a la corrección ortográfica de documentos.

1. Llevaremos a cabo esta práctica sobre un documento de Word, denominado **Para corregir.docx**, que puede descargar desde nuestra página web y guardar en su carpeta de documentos. Una vez abierto en el área de trabajo, pulse sobre la pestaña **Revisar** de la Cinta de opciones.

2. Empecemos el ejercicio de corrección. Pulse el comando **Ortografía y gramática** situado en el grupo de herramientas **Revisión**.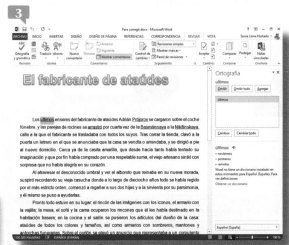

3. Como novedad en esta versión del programa, Word presenta en lugar del tradicional cuadro de diálogo **Ortografía y gramática**, un panel desde el cual se lleva a cabo la revisión de los errores gramaticales y ortográficos. La primera errata de-

017

tectada es una palabra sin tilde, "ultimos". Observe que sobre el documento aparece subrayado en rojo el error. El panel de revisión muestra, en la ventana superior, la corrección sugerida para dicho error, junto con los botones que le permitirán sustituir la palabra u omitir la corrección. En la sección inferior, el programa proporciona la pronunciación de la palabra correcta y debajo, una lista con algunos sinónimos. En este caso, pulse sobre el botón **Cambiar** para otorgarle tilde a la palabra errónea. **4**

4. El programa se ocupa de corregir el error y sigue adelante en su búsqueda. Lo siguiente que encontramos es un apellido ruso. La sugerencia no tiene nada que ver. Podemos hacer dos cosas, o bien es un nombre anecdótico y no vamos a tratarlo nunca más, y por tanto podemos no corregirlo y usar la opción **Omitir** (si sólo aparece una vez) u **Omitir todas** (si aparece muchas veces), pero en este caso seleccione la opción **Agregar**. **5**

5. La siguiente alerta vuelve a ser una palabra rusa, y no tiene sugerencias. En este caso puede decidir que el revisor no detecte esta palabra como error, omitiéndola. Pulse dos veces el botón **Omitir todo**. **6**

6. Esto último lo hemos hecho porque la siguiente palabra era también rusa. Lo siguiente que aparece mal es un error de concordancia. El autor ha escrito en plural cuando debería haber escrito el determinante en singular. Como novedad en el panel de revisión, la descripción del error gramatical aparece en la parte inferior de dicho panel. **7** Aplique la opción **Cambiar**, termine de corregir el documento y acepte el cuadro de diálogo que le indica que ha finalizado la corrección.

IMPORTANTE

Por defecto, la opción **Revisar gramática con ortografía** se encuentra activada en el cuadro de opciones del programa, en la sección **Revisión** del mismo. La revisión del documento se llevará a cabo tanto ortográfica como gramaticalmente. Para omitir esta revisión gramatical, sólo tiene que desactivar esta opción.

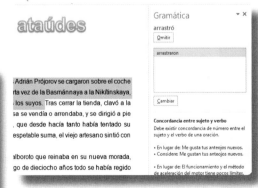

El nuevo panel de revisión de Word 2013 cambia su nombre de **Ortografía** a **Gramática** según el tipo de error detectado.

Inspeccionar documentos

INSPECCIONAR UN DOCUMENTO quiere decir eliminar cierta información personal incluida en, por ejemplo, las propiedades de los archivos, información que no se desea compartir con otras personas. En este ejercicio aprenderemos a inspeccionar nuestros documentos y a suprimir cierta información que podría considerarse confidencial.

1. Este ejercicio será abordado desde un documento ya usado de Excel, denominado **Datos de series.xls**. Una vez abierto en el área de trabajo, crearemos un duplicado sobre el cual trabajaremos. Haga clic sobre la pestaña **Archivo**, pulse sobre el comando **Guardar como** y haga clic en el botón **Examinar**.

2. En el cuadro de diálogo **Guardar como**, inserte un **2** al final del nombre de archivo, pulse el botón **Guardar** para almacenarlo y, una vez hecho esto, pulse de nuevo sobre la pestaña **Archivo**.

3. Situados por defecto en la pestaña **Información**, procederemos a trabajar desde aquí. Lo primero que haremos es entrar dentro de la opción **Comprobar si hay problemas** para, como dice la información adscrita, poder mejorar el envío y recepción de documentos. Pulse sobre la punta de flecha de esta opción para visualizar su contenido y haga clic sobre la opción **Inspeccionar documento**.

018

4. Se abre la ventana **Inspector de documento** en la que hay ciertas opciones verificadas (en este caso todas) y que no difiere mucho de la ventana **Inspector de documento** que veríamos si trabajamos con Word, por ejemplo, salvo por pequeñas variaciones como el campo verificado **Filas y columnas ocultas**, **Hojas de cálculo ocultas**, etc. Realizaremos la inspección del documento de todas las opciones presentadas, aunque tenga en cuenta que, si lo prefiere, puede eliminar la selección de estas opciones para que el inspector pase por alto algunos datos. Recuerde que para ello sólo tiene que desmarcar las pestañas verificadas. Pulse sobre el botón **Inspeccionar.**

5. Acto seguido, el programa ejecuta la orden y, en pocos segundos, se muestran el resultado de la revisión. En este caso, se ha detectado información personal y propiedades del documento que puede eliminarse si no desea que se muestre. Para ello, pulse el botón **Quitar todo.**

6. Los datos señalados desaparecen al instante. Fíjese en el signo de verificación que ha sustituido el signo de exclamación anterior. Si lo precisa, vuelva a repita el proceso de inspección con el comando **Volver a inspeccionar**. Hágalo.

7. Una vez comprobado que todo está bien inspeccionado y la información personal ha desaparecido, pulse sobre el botón **Cerrar** del cuadro de diálogo **Inspector de documento**.

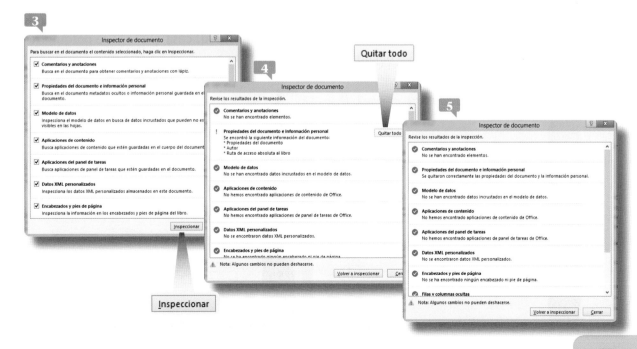

Usar la función Compatibilidad

OFFICE 2013 CUENTA CON UNA función común en todas las aplicaciones de la suite, que permite comprobar la compatibilidad de cualquier documento creado en una versión anterior a la más reciente. La ventaja que ofrece conocer esta función es que el programa convierte el documento anterior a la versión más actual para que pueda trabajar sin problemas, garantizando que ni las novedades ni las funciones mejoradas de la versión actual se encuentren disponibles. En este ejercicio le mostremos qué ocurre al abrir un documento creado en una versión anterior a la de 2013, la versión actual.

1. Para poder seguir los pasos de este ejercicio utilizaremos un nuevo documento de ejemplo, denominado **Frases famosas. docx**, que puede descargar desde nuestra página web y guardarlo en su carpeta de documentos. Cuando disponga de él abierto en Word 2013, compruebe como en la **Barra de título** de la aplicación se muestra, junto al nombre del archivo, el término **Modo de compatibilidad** entre corchetes. **1** Esto significa que se trata de un documento creado en una versión anterior a la actual. Pulse sobre la pestaña **Archivo**.

2. En la sección Información, la primera opción que aparece es la de **Modo de compatibilidad**, cosa que ocurre porque trabajamos con una versión anterior. **2** En este caso comproba-

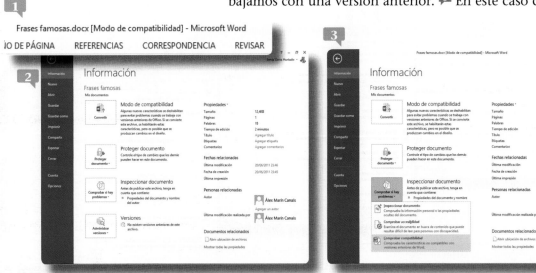

remos primero si existen características no compatibles con versiones anteriores. Pulse sobre la opción **Comprobar si hay problemas**, en el comando **Inspeccionar documento**, y elija la opción **Comprobar compatibilidad**.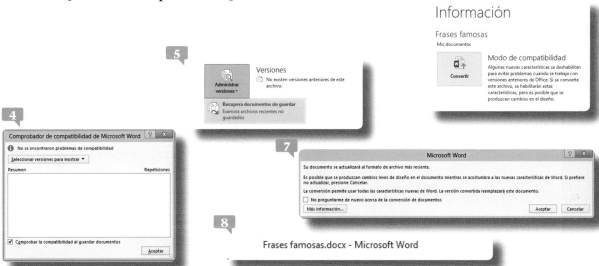

3. Una vez comprobado, el programa muestra la ventana **Comprobador de compatibilidad de Microsoft Word** en el que se nos informará de si es o no compatible el archivo para actualizarlo. En este caso es, efectivamente, compatible. Haga clic sobre el botón **Aceptar**.

4. Pulse de nuevo en la pestaña **Archivo** y compruebe si hay distintas versiones del archivo pulsando sobre el comando **Administrar versiones** y haciendo clic sobre la opción **Recuperar documentos sin guardar**.

5. La ventana emergente que se abre muestra, en el caso en que existan, los archivos no guardados compatibles con la versión tratada y permite abrirlos. Cierre esta ventana pulsando el botón **Cancelar**.

6. A continuación, una vez cerciorados de que este documento es compatible con la versión actual de Office, vamos a convertirlo. Para ello, pulse de nuevo sobre la pestaña Archivo, haga clic en **Convertir** y, en el cuadro informativo referente a la conversión, pulse en **Aceptar**.

Como novedad en esta versión de Office, la conversión se lleva a cabo de inmediato, sin necesidad de renombrar el documento. Así, compruebe ahora que, en la **Barra de título**, ya no aparece el término **[Modo de compatibilidad]**.

019

IMPORTANTE

Los archivos no guardados de versiones anteriores quedan almacenados en una carpeta de Office, denominada UnsavedFiles, y muestran la extensión de archivo *.asd.

Archivos sin guardar (*.asd)

Información

Frases famosas
Mis documentos

Modo de compatibilidad
Algunas nuevas características se deshabilitan para evitar problemas cuando se trabaja con versiones anteriores de Office. Si se convierte este archivo, se habilitarán estas características, pero es posible que se produzcan cambios en el diseño.

Convertir

Comprobador de compatibilidad de Microsoft Word
No se encontraron problemas de compatibilidad
Seleccionar versiones para mostrar ▼
Resumen   Repeticiones

Comprobar la compatibilidad al guardar documentos
Aceptar

Administrar versiones ▼
Versiones
No existen versiones anteriores de este archivo.

Recupera documentos sin guardar
Examina archivos recientes no guardados

Microsoft Word
Su documento se actualizará al formato de archivo más reciente.
Es posible que se produzcan cambios leves de diseño en el documento mientras se acostumbra a las nuevas características de Word. Si prefiere no actualizar, presione Cancelar.
La conversión permite usar todas las características nuevas de Word. La versión convertida reemplazará este documento.
No preguntarme de nuevo acerca de la conversión de documentos
Más información...   Aceptar   Cancelar

Frases famosas.docx - Microsoft Word

Proteger documentos con contraseña

OFFICE 2013 PERMITE AL USUARIO proteger sus documentos con contraseña. De este modo, el usuario puede trabajar con tranquilidad, es decir, sin temor a que otros usuarios puedan manipular el contenido de sus documentos, o simplemente, no puedan visualizarlos. Esto se consigue, como se verá, con la opción Proteger del comando Información, ubicado en la vista Backstage. En este ejercicio le mostraremos cómo proteger un documento de Office 2013 con contraseña.

1. Para efectuar este ejercicio seguimos trabajando sobre el archivo utilizado en el ejercicio anterior, denominado **Frases famosas.docx**, y con éste como modelo aprenderemos la base para proteger nuestros documentos. El procedimiento no es distinto entre las diferentes aplicaciones de la suite. Entre en la **vista Backstage** utilizando la pestaña **Archivo**.

2. Observe que por defecto se abre el comando **Información** (de no ser así, pulse sobre él para activarlo), y que la primera opción es, en este caso, **Proteger documento**. La palabra "documento" cambia según el programa ("libro", "presentación"...). Pulse sobre dicho comando para desplegar las distintas opciones, y seleccione la denominada **Cifrar con contraseña**.

3. Aparece el cuadro de diálogo **Cifrar documento**, en el que debe insertar la contraseña que usted desee. Como indica la advertencia, la contraseña no podrá ser recuperada si, por casualidad, la olvida; por tanto, es importante que la recuerde. En este caso escriba la serie de dígitos: **1234**, y pulse el botón **Aceptar**. 3

4. Deberá repetir la acción anterior para que la contraseña quede fijada. Es importante que repita la combinación numérica sin alterar el orden, y sin añadirle o quitarle nada para que pueda establecerse la contraseña. Repita el paso anterior. 4

5. En la ficha **Información** del documento cifrado se indica ahora que la presentación abierta en primer plano se encuentra protegida y que se precisa la introducción de una contraseña para acceder a ella. 5 Cierre el documento pulsando sobre el comando **Cerrar** y en el cuadro de diálogo que indica si queremos guardar los cambios, pulse sobre **Guardar**.

6. De este modo tan sencillo se cierra el documento con el cambio ya asignado. Ahora sólo nos queda reabrir el documento de Word para comprobar que los cambios han sido satisfactorios. Entre en la **vista Backstage** y en la sección **Documentos recientes** del comando **Abrir**, pulse sobre el documento **Frases famosas**.

7. Por último, aparece el cuadro de diálogo **Contraseña** 6 en el que debe introducir la combinación **1234** y aceptar el cuadro. De este modo podrá ver el contenido del documento. Escriba la combinación y pulse el botón **Aceptar**. 7

020

IMPORTANTE

Puede eliminar la contraseña siempre que quiera. Para ello, deberá acceder de nuevo al comando **Información** de la vista Backstage y seleccionar el comando **Cifrar con contraseña**. Evidentemente, el programa le solicitará que inserte la contraseña actual para poder eliminarla.

Definir un documento marcándolo como final

PODEMOS DEFINIR UN DOCUMENTO como final para que los lectores o revisores que compartan nuestro documento sepan que es su versión final y, como tal, no puede ser ni modificada ni editada. Las aplicaciones de Office disponen de una opción Marcar como final cuya función es convertir la propiedad del archivo marcado como Sólo lectura. Esto no quiere decir que el documento quede protegido, al contrario, cualquiera que trabaje con el documento puede desmarcar esta función. Sin embargo, aplicarla es un método preventivo. En este ejercicio trataremos el proceso para marcar un documento como final.

1. Recuperaremos para este ejercicio el documento **Datos de series.xlsx** que hemos usado anteriormente. Como el proceso de marcado de un documento como final es idéntico para las distintas aplicaciones de la suite de Microsoft, nos servirá este documento. Así pues, ábralo en Excel y pulse sobre la pestaña **Archivo**. 🔲

2. Proseguiremos de un modo simple: haga clic sobre la opción **Proteger libro** para desplegar las distintas opciones que incluye, y de la lista seleccione la denominada **Marcar como final**. 🔲

021

3. Antes de seguir, debemos advertir que si bien los pasos a seguir son los mismos en las distintas aplicaciones tratadas a lo largo de estas páginas, los nombres pueden variar. Si tratásemos un documento Word para su marcado como final, en vez de **Proteger libro** leería **Proteger documento**. Acepte el cuadro emergente **3** y repita la acción con el siguiente, en el cual se informa de las consecuencias del marcado de documentos como finales. **4**

4. Inmediatamente, el documento o, en este caso, el libro, queda marcado como final, y así se refleja en una barra de color amarillo en la parte superior del área de trabajo. **5** Tal y como se indica en dicha barra, el documento no podrá ser modificado dada su condición de final. Pulse ahora sobre la pestaña **Archivo**.

5. En la sección **Información**, el programa informa de que el documento o libro se encuentra marcado como final y destaca este estado con un color amarillo. **6** Pulse sobre el botón **Atrás** para volver al documento.

6. Si aun viendo la condición de final decide modificar el archivo, puede hacerlo. Para ello, pulse sobre el comando **Editar de todos modos** y vea como la Cinta de opciones queda restablecida.

IMPORTANTE

Recuerde que los documentos marcados como finales se abrirán en la versión 2013 de la aplicación como **Sólo lectura**. No presentan esta propiedad si accede a ellos desde una versión anterior de la suite.

Si pulsa sobre el texto situado a la izquierda del botón **Editar de todos modos** accederá a la página de información del documento para comprobar el nombre de los autores del mismo.

Agregar y responder a comentarios

INSERTAR COMENTARIOS ES UNA DE LAS FUNCIONES de office más utilizadas por los usuarios en los documentos de uso personal. Esta función ha sido rediseñada en esta versión de la suite, con una nueva estética del panel Comentarios y la posibilidad, como novedad, de responder a aquellos comentarios introducidos por otros usuarios con los que haya compartido sus documentos. Tanto Excel como Word y PowerPoint dispone de la función que permite agregar y gestionar comentarios y todas cuentan con el renovado panel Comentarios.

1. En este ejercicio nos basaremos en una presentación con diapositivas denominada **Historia.pptx**, que puede descargar desde nuestra página web y guardar en su carpeta de documentos. Una vez abierta en PowerPoint, vea que, en la primera diapositiva aparece un pequeño bocadillo. Éste es el símbolo que se utiliza en Office para indicar que existen comentarios. Haga clic sobre la pestaña **Revisar** de la Cinta de opciones.

2. El grupo de herramientas de esta pestaña contiene todas las opciones para generar y editar comentarios y para navegar por los existentes. Además, puede activar el panel **Comentarios**. Para ello, haga clic sobre el comando **Mostrar comentarios.**

022

3. En la parte derecha del área de trabajo se abre el panel **Comentarios**, mostrando el comentario insertado en la diapositiva actual.  Desde aquí puede controlar, además del contenido del comentario, el autor del mismo y el tiempo que hace que ha sido propuesto. En la parte superior del comentario puede ver el botón que permite crear nuevos comentarios y, a su derecha, los que permiten navegar por los existentes. Haga clic dos veces sobre el botón **Siguiente**, que muestra una hoja de papel y una flecha que señala hacia la derecha.

4. El programa salta a la diapositiva en la que se encuentra el siguiente comentario, al tiempo que lo muestra y resalta en el panel. Pase al siguiente comentario pulsando de nuevo el mismo botón.

5. Como hemos indicado en la introducción, la auténtica novedad de Office en cuanto a los comentarios es la posibilidad de responder a ellos desde el mismo panel **Comentarios**. Como puede ver, en la parte inferior del comentario activo aparece el campo **Responder**. Haga clic sobre él, escriba una respuesta al comentario insertado y pulse **Retorno** para confirmarlo.

6. Al confirmar la respuesta, su nombre de usuario de Office aparece en la entrada, así como el tiempo que hace que ha insertado el comentario. Fíjese que el icono que aparece sobre la diapositiva muestra ahora dos bocadillos, lo que indica que este elemento contiene más de un comentario. El feedback entre usuarios es infinito. Cierre el panel **Comentarios** pulsando el botón de aspa de su cabecera.

IMPORTANTE

En lugar de utilizar los correspondientes botones del panel **Comentarios**, también puede navegar por los comentarios de un documento mediante los comandos **Anterior** y **Siguiente** del grupo de herramientas **Comentarios** de la pestaña **Revisar**.

Siguiente

Si desea generar nuevos comentarios, utilice el comando **Nuevo** del panel **Comentarios** o el comando **Nuevo comentario** del grupo de herramientas **Comentarios**.

4

Comentarios ▾ ✕

✷ Nuevo

Paul Adams hace 15 minutos
Cambiar el color de la fuente; es difícil leer bien el texto

Responder...

El primer clic resalta el comentario actual.

5

Comentarios ▾ ✕

✷ Nuevo

◢ **Paul Adams** hace 16 minutos ✕
Idem diapositiva 1

Responder...

6

✷ Nuevo

◢ **Paul Adams** hace 23 minutos
Cambiar la imagen de fondo

un río en lugar de un mar.
¿Te parece bien?

7

◢ **Paul Adams** hace 24 minutos
Cambiar la imagen de fondo

Son... Hace unos segundos
OK. Utilizaré una imagen de un río en lugar de un mar. ¿Te parece bien?

Responder...

8

Recuperar documentos

ES POSIBLE QUE EN ALGUNA ocasión se borre el trabajo que estamos haciendo, ya sea por un error interno del programa o un fallo del sistema, por ejemplo. Office 2013 permite recuperar todas y cada una de las versiones guardadas automáticamente por la aplicación. En este ejercicio aprenderemos a administrar las versiones de un documento guardadas automáticamente por cada aplicación.

1. En esta ocasión seguimos utilizando la presentación de PowerPoint **Historia.pptx**, aunque sepa que todos los programas de la suite funcionan del mismo modo. Empezaremos comprobando que las opciones del programa necesarias para que la recuperación de versiones no guardadas funcionen se encuentren debidamente activadas. Pulse sobre la pestaña **Archivo** y seleccione el comando **Opciones**. 🗨**1**

2. De entre todas las categorías del cuadro de opciones del programa, seleccione la denominada **Guardar**. 🗨**2**

3. En la sección **Guardar presentaciones**, compruebe que las opciones **Guardar información de Autorrecuperación** y **Conservar la última versión autoguardada cuando se cierra sin guardar** se encuentran activadas. Disminuya a **1** el número de minutos para el autoguardado 🗨**3** y pulse **Aceptar**.

4. Para poder comprobar cómo funciona la administración de versiones sin guardar en Office, eliminaremos una diapositiva

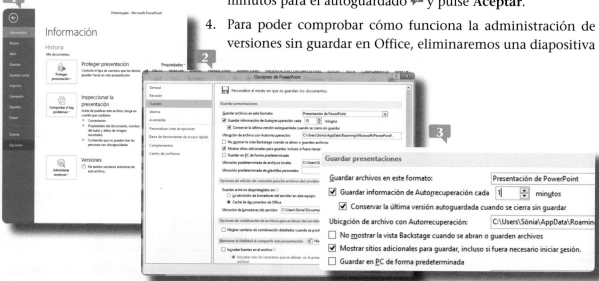

de la presentación y reiniciaremos el sistema. Seleccione, por ejemplo, la diapositiva 5 y pulse la tecla **Suprimir**.

5. Ahora le pedimos que reinicie su ordenador, sin cerrar el programa en curso. De esta manera simularemos que, por ejemplo, ha habido un corte en el suministro de la luz y el programa se ha cerrado inesperadamente. Una vez encendido de nuevo el equipo, abra su documento **Historia.pptx** y observe lo que ocurre. 🗨4

6. Efectivamente, se abre el panel **Recuperación de documentos** que contiene una lista con aquellos documentos recuperados sin guardar. Usted decide los que desea mantener y los que no. Sitúe el puntero sobre el documento recuperado, que resulta ser el original, haga clic en la punta de flecha que aparece y elija la opción **Guardar como**. 🗨5

7. En el cuadro de diálogo **Guardar como**, asigne un nuevo nombre al archivo recuperado y pulse el botón **Guardar**.

8. Al guardar el documento, éste pasa a mostrarse en el área de trabajo. Terminaremos este ejercicio mostrándole dónde puede encontrar otras versiones sin guardar del documento. Pulse sobre la pestaña **Archivo**, despliegue el comando **Administrar versiones** de la sección **Información** y haga clic en la opción **Recuperar presentaciones no guardadas**. 🗨6

9. En esta carpeta de Office se almacenan aquellas presentaciones que no han sido almacenadas por el usuario pero sí por el sistema. Para recuperarlas, sólo tiene que seleccionarlas y pulsar el botón **Abrir**.

023

Microsoft Word: insertar texto

UNA VEZ REPASADAS LAS FUNCIONES COMUNES de las aplicaciones de Office 2013, empezamos la sección dedicada al procesador de textos de la suite: Word. Al acceder a la aplicación, el primer paso es rellenar la hoja en blanco, escribiendo un texto o pegando otro previamente copiado. En este ejercicio nos ocuparemos de la primera aproximación a la inserción de textos.

1. Abriremos un documento en blanco en **Word 2013**. Desde la pantalla de inicio de Windows 8, localice las aplicaciones de la suite Office y haga clic sobre el elemento **Word 2013**.

2. Para abrir un nuevo documento, haga clic sobre el elemento **Documento en blanco** de la vista Backstage.

3. Las características del nuevo documento se asemejan a las de un **dina4**. Al espacio en blanco se le denomina área de trabajo. Sin tocar nada, escriba con su teclado **En un lugar de la mancha**.

4. Redactar en Word es fácil. Aprendamos a modificar lo insertado. Supongamos que tenemos la palabra "mancha" escrita en minúscula y queremos arreglarlo, insertando la inicial en mayúscula. Sitúe el cursor detrás de la letra **m**, pulse la tecla **Retroceso** para eliminar la letra, y escriba la **M** mayúscula para sustituirla.

5. Del mismo modo en que ha corregido este error, puede agrandar el texto insertándole más palabras o frases. Coloque el cursor al final de la frase, añada una coma (,) y escriba **de cuyo nombre no quiero acordarme.**

6. Ocurrirá que habrá palabras que el diccionario de Office no reconocerá. Ello podremos constatarlo porque la palabra en cuestión aparecerá subrayada en rojo. Como ha visto en un ejercicio anterior, o bien utiliza el diccionario, o bien modifica el nombre, o bien lo deja como está. Supongamos que ya hemos terminado con esta línea, es decir, que después de lo escrito ya no queremos insertar nada más, o queremos saltar esta línea como si fuera un salto de párrafo. Pulse la tecla **Retorno** y escriba **Miguel Cervantes Savedra**, añadiendo un espacio detrás del segundo apellido.

7. Observe que este segundo apellido aparece subrayado en rojo. Eso es porque le falta una letra. Si antes hemos modificado una letra, ahora le mostraremos cómo insertar más letras a una palabra. Haga clic después de la primera a de **Savedra** y añada desde el teclado una segunda **a.**

8. Puede desplazarse por las líneas de texto, sin desplazar el contenido, usando las teclas de dirección del teclado, y las teclas de dirección lateral para desplazarse en una misma línea sin modificar nada. Concluyamos este sencillo ejercicio registrando los cambios. Pulse la combinación de teclas **Ctrl + G** y almacene el documento con el nombre que desee.

> **IMPORTANTE**
>
> Puede insertar texto copiándolo de otros documentos. Utilice la combinación de teclas **Ctrl + C** para copiar lo que necesite y pulse la combinación de teclas **Ctrl +V** para insertarlo en el documento.

4

En un lugar de la Mancha, de cuyo nombre no quiero acordarme

5

En un lugar de la Mancha, de cuyo nombre no quiero acordarme

Miguel Cervantes Savedra

6

En un lugar de la Mancha, de cuyo nombre no quiero acordarme

Miguel Cervantes Saavedra

7

Recuerde que puede guardar documentos desde la **Barra de herramientas de acceso rápido** o desde la vista Backstage.

Disfrutar del nuevo modo de lectura

WORD 2013 PRESENTA ENTRE SUS NOVEDADES un cómodo y claro modo de lectura que convierte la pantalla de su equipo o dispositivo en un e-book o libro electrónico. La vista Modo de lectura muestra los documentos en la pantalla en columnas de fácil lectura, al tiempo que se eliminan las herramientas de modificación para minimizar las distracciones, pero se mantiene el acceso a funciones siempre útiles para leer como Definir, Traducir y Buscar en Internet.

1. Recupere el documento de texto **Arcoylira.docx** con el que hemos trabajado en numerosas ocasiones. Con él podremos comprobar cómo funciona la nueva vista de lectura de la aplicación. Una vez disponga del documento en el área de trabajo de Word, pulse sobre el primero de los iconos situados en la parte derecha de la **Barra de estado**, que muestra claramente el dibujo de un libro abierto. 🗨

2. El cambio de vista es evidente, ¿verdad? 🗨 Para empezar, el área de trabajo ha cambiado sus dimensiones y distribuido su contenido para organizar todo el texto en dos cómodas columnas de lectura. Además, la **Barra de herramientas de acceso rápido** ha desaparecido y la **Cinta de opciones** ha reducido su tamaño. Incluso el color blanco de fondo ha cambiado para mostrar un delicado color crema. Todo ello con el único ob-

025

jetivo de facilitar la lectura del documento abierto. Para pasar de página, pulse sobre la punta de flecha situada en el margen derecho de la página.

3. Pasamos de página. Compruebe que ahora se ha activado también el icono que permite volver a la página anterior. **4** En la Barra de estado del modo de lectura puede controlar el número de pantalla en la que se encuentra con respecto al total de pantallas de que consta el documento. **5** Veamos las funciones incluidas en la reducida **Cinta de opciones** de esta vista. Haga clic sobre la pestaña **Herramientas**. **6**

4. Se despliega un pequeño menú con cuatro opciones: las dos primeras permiten buscar, tanto dentro del texto como en Internet utilizando para ello el buscador Bing, y las otras dos permiten deshacer y rehacer acciones realizadas sobre el texto. Pulse sobre el comando **Buscar**.

5. Se abre a la izquierda el panel de navegación, desde el cual puede llevar a cabo rastreos en el documento. **7** Realice si lo desea alguna prueba de búsqueda, cierre el panel de navegación y haga clic sobre la pestaña **Vista**. **8**

6. Desde aquí puede gestionar los elementos de interfaz que deben aparecer en el modo de lectura, cambiar la anchura de la columna, el color de fondo de la página y otros parámetros de diseño y editar el documento. Para salir del modo de lectura, pulse el tercero de los iconos situados en la parte derecha de la **Barra de estado**.

Aplicar atributos al texto

MICROSOFT WORD 2013 es un procesador de textos moderno y completo que incluye múltiples herramientas para mejorar el aspecto y la presentación de sus composiciones, de modo que el texto adquiera un mayor atractivo. Como definición de atributos al texto debemos referir que son, esencialmente, aquellos aspectos que modifican aspectualmente un texto, ya sea modificando la fuente, el color, o el tamaño de la misma. En este ejercicio aprenderemos a utilizar las herramientas y comandos ofrecidos por el programa para generar documentos mejor presentados.

1. Continuamos utilizando en éste y en los próximos ejercicios el archivo **Arcoylira.docx** para trabajar en él todos los aspectos de la edición. Una vez abierto en el área de trabajo, utilice la barra de desplazamiento vertical para visualizar y familiarizarse con el documento. 🔹1

2. Para poder modificar un texto o aplicarle un atributo es necesario que éste esté seleccionado. Seleccione el título del documento y, en el grupo de herramientas **Fuente**, despliegue el campo que muestra el tipo de letra actual. 🔹2

3. Es interesante saber que **Calibri** es el nombre de la fuente que Word aplica por defecto a sus textos y que **Times New Roman**

026

es, posiblemente, una de las más utilizadas por los usuarios. En el momento que se elige una de estas fuentes desplegadas, el cuerpo del texto cambia. Seleccione una fuente distinta, como por ejemplo **Baskerville Old Face**, pulsando sobre ella.

4. Cambiaremos ahora su tamaño. Manteniendo el texto seleccionado, despliegue el campo **Tamaño de fuente**, que muestra el valor **14**, y desplace el ratón por encima de algunos valores para ver cómo va cambiando el tamaño del texto.

5. Seleccione el valor **20** haciendo clic sobre él; a continuación, pulse sobre el comando **Agrandar fuente**, situado a la derecha del campo Tamaño de fuente, y tras comprobar que el texto seleccionado amplía su tamaño una proporción determinada, haga clic sobre el comando **Encoger fuente** para retornarla a como la había puesto manualmente.

6. Pulse sobre el comando Cambiar mayúsculas y minúsculas, a la derecha del último utilizado, y de la lista de opciones desplegadas seleccione **Mayúscula**s.

7. Por último, pulse sobre el comando **Color de fuente**, que muestra una A subrayada de color rojo para aplicar este color al texto seleccionado.

8. Termine este ejercicio guardando los cambios realizados en el documento.

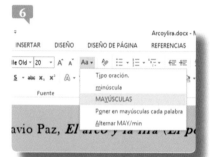

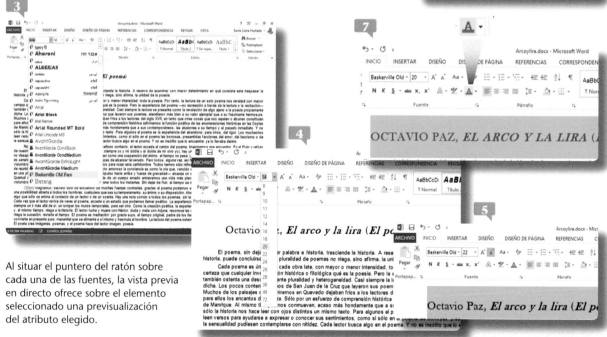

Al situar el puntero del ratón sobre cada una de las fuentes, la vista previa en directo ofrece sobre el elemento seleccionado una previsualización del atributo elegido.

Modificar la alineación y el interlineado

DOS DE LAS CARACTERÍSTICAS MÁS IMPORTANTES del formato de párrafo de un texto son, sin duda, la alineación y el interlineado. ¿Qué entendemos por alineación? Es la colocación del texto respecto a los márgenes del documento. Se divide en cuatro tipos: justificada, centrada, izquierda y derecha. Por defecto, los párrafos se alinearán a la izquierda. ¿Qué es el interlineado? Es el espacio en blanco entre las líneas de un párrafo. Por regla general, el interlineado de Word es múltiple, esto es, de 1,15. Opciones de interlineado son, de menor a mayor: sencillo, 1,5 líneas, doble, máximo, etc.

1. Seguiremos con el documento **Arcoylira.docx** tratado en el ejercicio anterior. Como ya sabrá, Office permite seleccionar elementos no contiguos usando la tecla **Ctrl**. Sitúe el puntero del ratón delante del título del documento.

2. Sepa que no es necesario que el cursor se encuentre al inicio del párrafo que queremos alinear, sino sencillamente en algún punto del mismo. Las herramientas de alineación están dentro del grupo herramientas **Párrafo** de la ficha **Inicio**. Son cuatro botones, uno para cada tipo de alineación, que definen su función de una forma visual. Para ver lo que ocurre, pulse el botón **Alinear a la derecha** y después el botón **Centrar**.

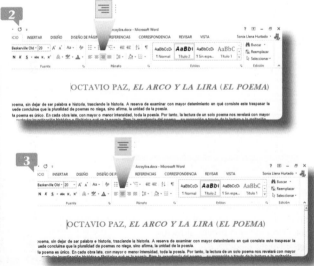

3. Ahora veremos qué tipo de alineación tiene aplicado el texto principal. Para ello, haga clic en algún punto del mismo.

4. El texto se encuentra justificado, lo que significa que el texto va del margen izquierdo al derecho igualando todos los finales de línea, excepto la última de cada párrafo. **4** Con el cursor en el primer párrafo, pulse sobre el comando **Alinear a la izquierda** y vea lo que ocurre. **5**

5. Por defecto, Word establece el interlineado entre líneas de un mismo párrafo como **Múltiple** en **1,15** y un espacio de **10** puntos entre la última línea de un párrafo y la primera de otro. Seleccione todo el texto y abra el iniciador del cuadro de diálogo del grupo de herramientas **Párrafo**. **6**

6. De este modo se abre el cuadro de diálogo Párrafo mostrando el contenido de la ficha **Sangría y espacio**. En la categoría **Espaciado** están definidos los valores que Word determina por defecto. El espacio **Posterior** hace referencia al espacio que hay entre dos párrafos, y el interlineado, al que hay entre dos líneas. En esta ocasión dejaremos el espaciado como está y modificaremos el interlineado. Despliegue el botón de punta de flecha del campo **Interlineado** y seleccione la opción **1,5 líneas**. **6**

7. Pulse sobre el botón **Aceptar** del cuadro de diálogo, observe el resultado obtenido en el párrafo **7** y almacene el documento pulsando la combinación de teclas **Ctrl + G**.

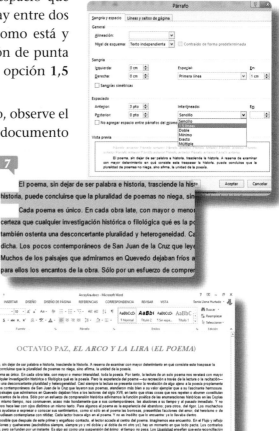

Utilizar estilos y formatos

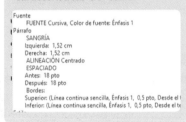
AL CONJUNTO DE ATRIBUTOS DE FUENTE, tamaño, color de fuente, alineación, sangría y formato almacenado con un nombre se le denomina estilo. Aplicar un estilo concreto a un texto equivale a modificar todas sus características integradas en el estilo. Como podrá comprobar, Word ofrece muchos estilos predeterminados que pueden ahorrar tiempo al usuario. Como es habitual, el usuario puede crear, modificar y almacenar sus propios estilos, según sus gustos y necesidades. Es, en resumen, la unificación de los procesos descritos en ejercicios anteriores, para agilizar el proceso.

1. Seguiremos utilizando el documento **Arcoylira.docx**, del cual extraeremos un fragmento de texto para copiarlo en un nuevo documento en blanco. Haga doble clic, por ejemplo, en el margen izquierdo del segundo párrafo, haga clic sobre la selección con el botón derecho del ratón y, en el menú contextual que se despliega, escoja la opción **Copiar**.

2. Pulse sobre la pestaña **Archivo**, seleccione el comando **Nuevo** y pulse sobre el elemento **Documento en blanco**.

3. Procederemos a pegar el contenido copiado. Haga clic con el botón derecho sobre el área de trabajo, seleccione la primera de las **Opciones de pegado: Mantener formato de origen**.

4. Ya podemos empezar la manipulación del texto. Seleccione con el ratón la primera frase del fragmento copiado y pulse

sobre el iniciador de panel situado justo al título del grupo de herramientas **Estilos**, para mostrar el panel **Estilos**.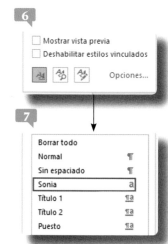

5. Haga clic, por ejemplo, en el estilo **Cita destacada** y desactive la selección para observar el resultado.

6. Observe los atributos que ha modificado este estilo. Sitúe el puntero del ratón sobre el estilo elegido y, cuando aparezca el botón de flecha, pulse sobre él y seleccione la opción **Modificar**.

7. En el cuadro **Modificar estilo** están definidas todas las características del estilo y pueden ser modificadas. Haga clic sobre el icono **N** de negrita para activar el atributo y active la **S** de subrayado; despliegue el campo **Color de fuente**, seleccione un color rojizo y acepte los cambios.

8. Crearemos un estilo personalizado, estilo que no aplicaremos, pero que quedará almacenado para ejercicios posteriores. Es importante que mantenga el cursor fuera del texto para no aplicar el estilo. En el panel **Estilos**, haga clic sobre el icono **Nuevo estilo**, el primero en la parte inferior del panel, y, en el cuadro **Crear nuevo estilo a partir del formato**, escriba su nombre.

9. Modifique la fuente, los atributos como a usted le apetezca (añadiendo negritas, tamaño de fuente, etc), cuando haya acabado pulse el botón **Aceptar** y compruebe que el nuevo estilo aparece en el panel **Estilos**.

028

69

Aplicar efectos visuales al texto

¿QUÉ SON LOS EFECTOS VISUALES DE WORD 2013? Se trata de vistosos efectos, tales como sombras, biseles, iluminación o reflejos, que se pueden aplicar tanto a imágenes como a texto. El comando Efectos de texto se encuentra en la ficha Inicio, dentro del grupo de herramientas Fuente. De esto y de cómo aplicar los efectos visuales sobre texto trata este ejercicio.

1. Seguiremos con el documento generado en el ejercicio anterior partir de un fragmento del archivo **Arcoylira.docx**, el cual hemos almacenado antes de empezar. Para empezar, sitúese al inicio del texto e inserte un texto que actuará como título del documento; seleccione este título y haga clic en el comando **Efectos de texto y tipografía**, que muestra una letra A con los bordes de color azul en el grupo de herramientas **Fuente** de la ficha **Inicio**. 🔲

2. El panel desplegable muestra varios efectos predefinidos; si sitúa el puntero del ratón sobre alguno de ellos podrá ver una vista previa de su aspecto sobre el texto seleccionado. Haga clic sobre la opción **Esquema** y elija en la paleta que se despliega un color que se aplicará como borde al texto. 🔲

3. Ahora, añadiremos un efecto de iluminación; un difuminado color claro y brillante alrededor del texto para que parezca ilu-

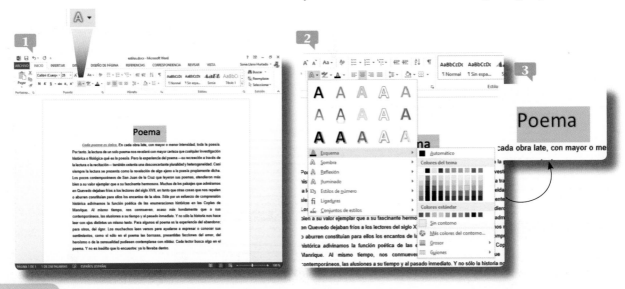

minado. Haga clic de nuevo en el comando **Efectos de texto**, escoja la opción **Iluminado** y elija el estilo de efecto de iluminación que más le guste para su texto. 🔲1

4. Pulse fuera del título para desactivar la selección y comprobar mejor los resultados. 🔲5

5. ¿Cómo eliminamos los efectos aplicados? Seleccione el título que hemos manipulado, pulse sobre el comando **Efectos de texto**, haga clic sobre uno de los efectos utilizados y elija la muestra sin ningún efecto. 🔲6

6. Haga clic ahora en el iniciador de cuadro del grupo de herramientas **Fuente**, seleccione el botón **Efectos de Textos** en la parte inferior de cuadro **Fuente** 🔲7 y en el renovado cuadro **Formato de efectos de texto**, haga clic sobre la categoría **Efectos de texto**, que muestra una A con un reflejo. 🔲8

7. Despliegue el efecto **Sombra**, así como el campo **Preestablecidos**, y del panel desplegado, seleccione el formato que más le guste para la sombra.

8. Configure la sombra reduciendo unos **25 grados** el ángulo, y aumentando **4** o **5** puntos la distancia y reduciendo la transparencia.

9. Por último, aplique un efecto 3D al texto desde la opción **Formato 3D** , acepte los cambios y compruebe el resultado obtenido sobre el título del documento. 🔲9

029

IMPORTANTE

El cuadro de diálogo que permite modificar el formato de los efectos de texto ha sido renovado en esta versión 2013 del programa. La organización que presenta dicho cuadro es mucho más evidente y permite gestionar con mayor comodidad los efectos aplicados o por aplicar al texto.

Crear tabulaciones

DEFINIMOS TABULACIONES como las posiciones en la regla horizontal que se usan para alinear y ubicar el texto en una posición determinada de la página. Las tabulaciones se dividen en cuatro tipos según su alineación: izquierda, derecha, centrada y decimal. Su utilidad estriba en la capacidad de alinear en la misma posición elementos de filas distintas. En este ejercicio usaremos las tabulaciones para dar formato a una lista.

1. Le recomendamos que recupere el documento titulado **Hemingway.docx**, utilizado en los primeros ejercicios de este libro. Si todavía no dispone de él, descárguelo desde nuestra página web y guárdelo en su equipo. Ábralo en Word. **1**

2. Para mejorar el aspecto de nuestro documento le aplicaremos tabulaciones y sangrías. La tabulación hará que podamos separar el año del texto y alinear todos los textos a una misma distancia. Primero estableceremos las características de la tabulación. Inicie el cuadro del grupo de herramientas **Párrafo** y pulse el botón **Tabulaciones**.

3. Se abre así el cuadro **Tabulaciones**. En el campo **Posición** introduzca la cifra **2** y pulse el botón **Establecer**. **2**

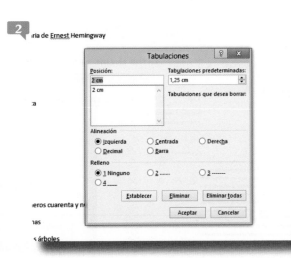

4. De este modo hemos fijado la posición de la tabulación. El siguiente paso consiste en fijar también la alineación. Por defecto, se encuentra establecida a la izquierda, opción que mantendremos en esta ocasión. Seleccione la opción **2** en la sección **Relleno** y, tras pulsar sobre el botón **Establecer**, haga clic sobre el botón **Aceptar**.

5. De esta forma, el espacio de la tabulación quedará relleno de puntos. Establecidos los parámetros de tabulación, veamos cómo se aplican. Sitúe el cursor justo antes del texto de la primera línea, pulse la tecla **Tab** y compruebe que el texto se ha desplazado **2** centímetros, alineándose a la izquierda y rellenando el nuevo espacio con una línea de puntos.

6. Vamos a aplicar esta misma tabulación al resto de líneas del documento. Para ello, seleccione desde la segunda hasta la última línea y acceda al cuadro de diálogo **Tabulación**.

7. Fije la posición en **2** centímetros, la alineación a la izquierda y un relleno de puntos, sin olvidar establecer cada uno de estos pasos, y pulse sobre el botón **Aceptar**.

8. Para comprobar que las tabulaciones han sido establecidas correctamente, debe insertar una tabulación entre cada cifra de año y el texto correspondiente de la misma forma que hemos hecho antes. Hágalo y compruebe el resultado.

9. Termine este ejercicio guardando los cambios realizados sobre el documento.

IMPORTANTE

La tecla **Tabulador** mueve, por defecto, el cursor 1,25 cm a lo largo del ancho de la página. Puede modificar esta regla desde el cuadro **Tabulaciones**.

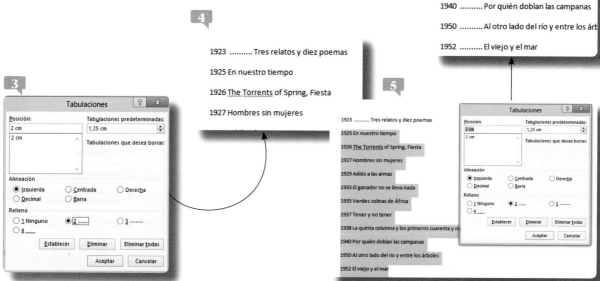

Crear viñetas y listas

ENTENDEMOS POR VIÑETAS LOS SÍMBOLOS QUE SE insertan delante de cada entrada. La utilidad de la aplicación de viñetas y numeración a las listas estriba en la presentación y configuración de listas de información en los documentos. Las viñetas se aplican cuando los elementos de la lista no siguen un orden establecido, así como los números de listas, como su propio nombre indican, enumeran los distintos elementos de una lista y se usan en listas ordenadas.

1. Seguimos trabajando con el documento anterior, sobre el cual practicamos con las tabulaciones. Para empezar, seleccione todo el contenido de la lista.

2. A continuación, despliegue el comando **Viñetas**, el primero del grupo de herramientas **Párrafo**, y seleccione una de las muestras de viñetas disponibles. **1**

3. Al inicio de cada elemento de la lista se ha insertado la viñeta elegida, que hace de cada título algo más definido e identificable. Seleccione otra vez la lista, despliegue el comando **Viñetas** y haga clic sobre la opción **Definir nueva viñeta**. **2**

4. En el cuadro **Definir nueva viñeta**, seleccione la opción **Imagen**. **4**

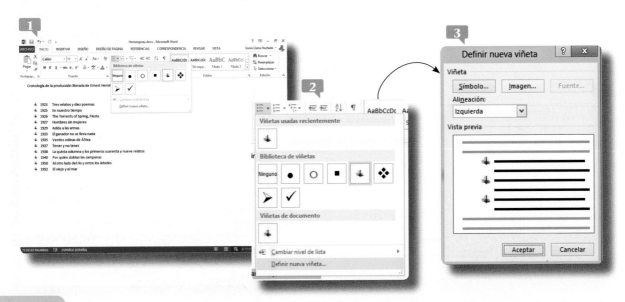

031

5. Se abre el renovado cuadro Insertar imágenes, que nos permite elegir distintas ubicaciones desde las cuales elegir la imagen que deseamos utilizar: desde un archivo propio, desde la galería de imágenes prediseñadas de Office.com, desde la web tras una búsqueda de imágenes o desde su espacio en la nube SkyDrive. Elija el proceso que prefiera, seleccione una imagen, pulse el botón **Insertar** y **Aceptar** en el cuadro **Definir nueva viñeta**.

6. También podemos utilizar símbolos como viñetas. Para ello, será necesario pulsar el botón **Símbolo** en el cuadro **Definir nueva viñeta** y seleccionar el símbolo deseado.

7. Tenga en cuenta que una vez elegido el símbolo puede modificar el aspecto del mismo en cuanto al tamaño, el color y otros atributos. Para ello, deberá pulsar el botón **Fuente** del cuadro **Definir nueva viñeta**.

8. Por último indicaremos que también puede crear listas numéricas. El proceso es idéntico al de la creación de viñetas. Desactive el botón **Viñetas** pulsando sobre éste, y con el texto seleccionado, pulse el botón **Numeració**n para insertar los números a la lista.

9. Los números tienen el color y el formato de las viñetas definidas antes. Despliegue el mismo comando, pulse la opción **Definir nuevo formato de número**, seleccione el botón **Fuente**, reduzca el tamaño a **10** y cierre los dos cuadros pulsando dos veces el botón **Aceptar**.

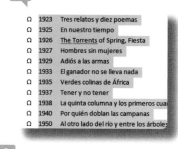

Añadir una imagen

MICROSOFT WORD 2013 PERMITE insertar, adaptar y editar imágenes con el fin de mejorar nuestros documentos mediante la inserción o tratamiento de elementos ajenos (pero complementarios) al texto. Como novedad en esta versión del programa, el usuario puede insertar imágenes (y vídeos) en línea sin necesidad de almacenarlas en su equipo. En este ejercicio le mostraremos cómo insertar imágenes de la galería de Office.com y almacenadas en su equipo.

1. Con el documento **Hemingway.docx** abierto en el área de trabajo y el cursor al inicio de la página, pulse la ficha **Insertar** de la Cinta de opciones y, en el grupo de herramientas **Ilustraciones**, haga clic en el nuevo comando **Imágenes en línea**. 💬

2. De este modo se abre la ventana **Insertar imágenes**, desde la cual usted decide el origen en línea dónde realizará la búsqueda: la galería de imágenes prediseñadas de Office.com, Bing como buscador de imágenes o su espacio de almacenamiento en la nube SkyDrive. En este caso, escriba, por ejemplo, la palabra **libros** en el campo de búsqueda de la primera opción 💬

3. En pocos segundos aparece el resultado referente al término buscado. Elija con un clic la imagen que más le guste y pulse el botón **Insertar**. 💬

En la parte inferior izquierda de la ventana puede ver la descripción y el tamaño de la imagen elegida.

En versiones anteriores de Word, este comando se denominaba **Imágenes prediseñadas**, ya que omitía por defecto la búsqueda de imágenes en la red.

Evidentemente, para poder utilizar estas opciones deberá contar con una conexión a Internet en el equipo.

032

4. La imagen se inserta en el punto en que se encuentra el cursor de edición con su tamaño original. Si este tamaño es demasiado grande, no dude en modificarlo tanto desde el grupo de herramientas **Tamaño** de la ficha contextual **Formato** o mediante los tiradores situados por el borde la imagen. 🔲

5. Desde la ficha contextual puede ajustar la imagen en distintos aspectos, aplicarle estilos y efectos, cambiar su posición y, como hemos visto modificar su tamaño e, incluso recortarla. Pasemos a insertar una imagen desde un archivo. Puede utilizar una imagen que ya tenga o bien descargar y almacenar desde nuestra página web el archivo **Hemingway.jpeg**. Sitúese en este caso al final de la página y, en la ficha **Insertar**, pulse el comando **Imágenes** del grupo de herramientas **Ilustraciones**. 🔲

6. Aparecerá en este caso el cuadro **Insertar imagen**, con la biblioteca de imágenes abierta. Localice la imagen que va a utilizar, selecciónela y pulse el botón **Insertar**.

7. Al igual que con la imagen en línea, la imagen se inserta en el punto en que se encuentra el cursor de edición con sus dimensiones originales. Disminuya si es necesario el tamaño de la imagen. 🔲

8. Antes de terminar, haga clic a la derecha de la imagen y, desde el grupo de herramientas **Párrafo**, centre la imagen en la página. 🔲

9. Ahora sí, termine este ejercicio guardando los cambios mediante la combinación de teclas **Ctrl + G**.

El icono que aparece a la derecha de la imagen al insertarla permite ubicar dicha imagen con respecto al texto que acompaña.

Insertar y ver vídeos en línea

IMPORTANTE

En el caso de los vídeos, la ventana que muestra los resultados de la búsqueda ofrece como datos del material seleccionado el título del mismo, la duración y la fuente.

Ernest Hemingway
1:02 - YouTube

OTRA DE LAS IMPRESIONANTES NOVEDADES QUE OFRECE la versión 2013 de Word es la función para insertar en sus documentos vídeos en línea y la capacidad de poder visualizarlos directamente en el documento. El comando Vídeo en línea abre una ventana en la cual el usuario elige el origen del vídeo que desee insertar. Dicho origen puede ser una búsqueda en el buscador Bing o un código de programación si es que el vídeo en cuestión forma parte de un sitio web.

1. Seguimos trabajando sobre nuestro documento **Hemingway. docx**, en el cual insertaremos en este caso un vídeo. Para empezar debemos situar el cursor de edición en el punto en que queremos insertar el vídeo. Haga clic al final del título y pulse la tecla **Retorno**.

2. A continuación, haga clic en la pestaña **Insertar** de la Cinta de opciones y, en el grupo de herramientas **Multimedia**, pulse en el nuevo comando **Vídeo en línea**. 💬

3. Se abre la ventana **Insertar vídeo**, desde la cual usted decide el origen en línea dónde realizará la búsqueda: Bing como buscador de vídeos o un código de programación. En este caso, escriba, por ejemplo, el nombre Hemingway en el primer campo de búsqueda y pulse **Retorno**. 💬

El buscador de vídeos funciona igual que el buscador de imágenes.

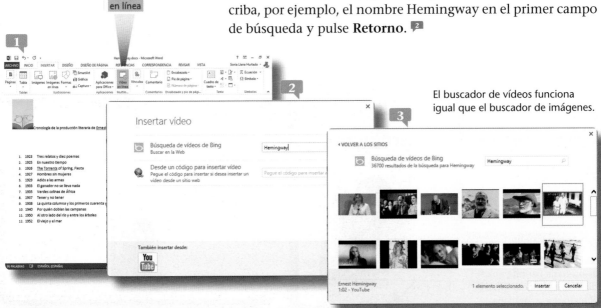

033

4. En pocos segundos aparece el resultado referente al término buscado. Elija con un clic el vídeo que más le guste y pulse el botón **Insertar**.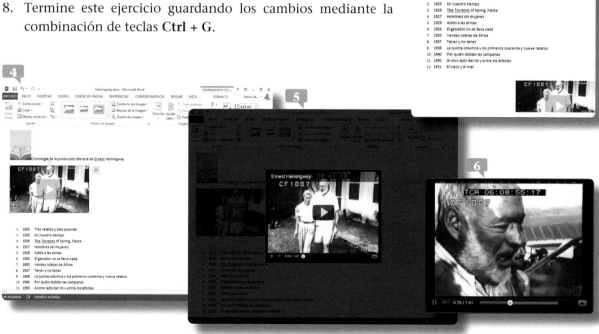

5. Como si fuera una imagen, el vídeo se inserta en el punto en que se encuentra el cursor de edición. Vea que también puede modificar su tamaño y aplicarle efectos y estilos, como si fuera una fotografía. Sin embargo, el aspecto más importante es la inclusión de un control de reproducción sobre el mismo vídeo. Esto es lo que va a permitir a cualquier usuario visualizar este material desde el mismo programa. Haga clic sobre dicho control de reproducción y, en la ventana que se abre, repita esta acción para dar inicio a la visualización.

6. El vídeo se reproduce. Desde la ventana del reproductor puede gestionar el volumen e incluso cambiar a un modo de pantalla completa. Una vez finalizada la visualización, sencillamente haga clic fuera del reproductor para volver a la página del documento.

7. Si una vez insertado el vídeo desea cambiarlo de sitio, haga clic sobre él y, sin soltar el botón del ratón, arrástrelo hasta el punto de la página que le interese. Le instamos a que reorganice los elementos de su documento, cambiándolos de posición y de tamaño y utilizando la función de alineación del programa.

8. Termine este ejercicio guardando los cambios mediante la combinación de teclas **Ctrl + G**.

Usar WordArt

WORDART ES UNA HERRAMIENTA o comando destinado a insertar texto decorativo, con objeto de mejorar el aspecto de sus documentos. Esta sencilla y práctica herramienta sirve para crear títulos llamativos y originales. Su utilidad, manejo y tratado es sencillo, intuitivo y muy interesante. En este ejercicio le mostraremos los pasos a seguir para insertar un título con la herramienta de diseño WordArt.

1. Seguimos trabajando sobre nuestro documento de texto **Hemingway.docx**. Seleccione el título del documento, pulse en la pestaña **Insertar** y haga clic sobre el comando **WordArt**, ubicado dentro del grupo de herramientas **Texto**.

2. Se despliega el panel con distintos diseños **WordArt**. Seleccione uno haciendo clic sobre él.

3. El texto seleccionado adquiere el estilo elegido en el panel y queda incluido ahora en un cuadro de texto, al tiempo que se carga en la Cinta de opciones la ficha contextual **Herramientas de dibujo**. Es posible establecer en esta ficha las propiedades del texto **WordArt**. Previamente, elimine del título

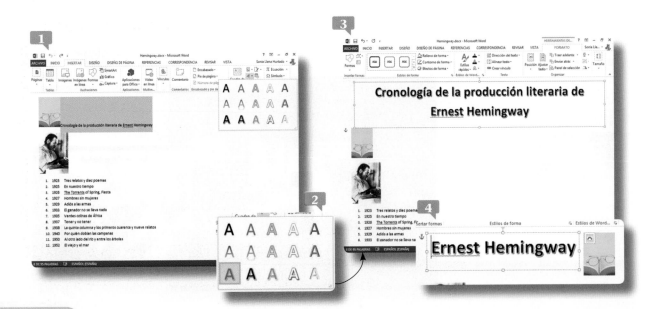

el inicio del texto, de manera que sólo quede el nombre del autor. 4

4. Para mejorar el aspecto estético del título, despliegue el comando **Tamaño** y modifique el valor a su antojo. 5

5. A continuación, le mostraremos cómo modificar la forma del objeto. En el grupo de herramientas **Estilos de WordArt** de la ficha **Formato**, despliegue el comando **Efectos de texto**, representada por un icono con una **A** de borde resplandeciente. 6

6. Se despliega así un panel con los distintos efectos disponibles. Seleccione la opción **Transformar** y haga clic sobre el efecto que desee. 7

7. Ahora, seleccione el comando **Relleno de texto**, identificado por una **A** sobre una línea de color negro, y elija uno de los colores de la paleta mostrada. 8

8. A continuación, despliegue el comando **Contorno de texto**, seleccione la opción **Grosor** y elija el valor que desee para confirmar una opción estética.

9. Le instamos a que siga modificando a su antojo las características del texto **WordArt** usando los demás comandos (**Sombra**, **Reflexión** o **Iluminado**). Termine el ejercicio cuando lo crea conveniente guardando los cambios realizados.

IMPORTANTE

Como casi todos los cambios que puede aplicar en Word, el estilo de **WordArt** que determine para su utilización no le compromete a, llegado el momento, modificarlo por otro sin perder ningún dato. Compruebe tantas veces como sea necesario si realmente es éste el estilo **WordArt** que quiere utilizar.

Recuerde que la vista previa en directo le permite comprobar el aspecto de los efectos antes de aplicarlos.

Insertar letras capitulares

LA LETRA CAPITULAR ES LA MAYÚSCULA de gran tamaño que se sitúa al inicio de un párrafo para marcar que ese es, justamente, el principio y la primera letra. Este concepto indica que cumple la función de crear y dar formato a la primera letra de cualquier párrafo. Sirve para dar un destacado principio a un documento, capítulo, etc. En este sencillo ejercicio aprenderemos a crear y editar una letra capital.

1. Insertaremos la letra capital en el primer párrafo del texto de nuestro documento **Arcoylira.docx**. Una vez abierto en el área de trabajo, procederemos. Sitúe el cursor al principio del primer párrafo. **1**

2. Active la ficha **Insertar**, pulse sobre el comando **Agregar una letra capital** y, de las tres opciones de inserción disponibles, elija la denominada **En texto**. **2**

3. Observe que la primera letra del párrafo en que se encontraba el cursor aumenta de tamaño, y, siguiendo incorporada en el texto, está seleccionada como un objeto independiente. En el margen de la letra haga clic con el botón derecho del ratón y pulse la opción **Letra capital**. **3**

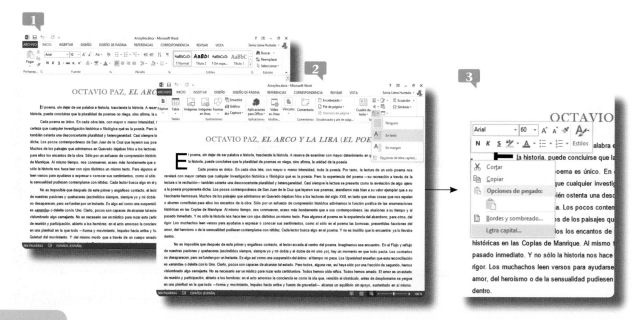

4. El cuadro **Letra capital** permite modificar la posición de la letra capital respecto al texto, el estilo, la fuente, las líneas. Despliegue el campo **Fuente** y seleccione la fuente **Old English Text MT**. 🔳

5. El campo **Líneas que ocupa** define las líneas de texto que debe ocupar la letra capital en altura, y cuántas más letras ocupe, mayor será el tamaño. Deje establecido el valor **3**, y en el campo **Distancia desde el texto**, que indica el espacio entre texto y letra capital, introduzca el valor **0,2cm**, pulsando a continuación el botón **Aceptar**. 🔳

6. La letra capitular ha cambiado según los criterios establecidos. 🔳 También podemos aplicar efectos de texto a la letra capital. Para ello, active la ficha **Inicio**, despliegue el comando **Efectos de texto** y, a continuación, aplíquele los efectos de **Sombra**, **Reflexión**, **Esquema** o **Iluminado** que desee. 🔳

7. Seguidamente, aplicaremos un borde a la letra como objeto de decoración. En el borde de la letra capital, pulse con el botón derecho y, en el menú contextual, seleccione la opción **Bordes y sombreado**.

8. En la sección **Valor** del cuadro **Bordes y sombreado**, seleccione la opción **Cuadro**, despliegue el campo Color y elija el color que desee. 🔳

9. Terminemos. Una vez elegido el color, pulse el botón **Aceptar** para cerrar el cuadro y pulse en una zona libre de la página para ver los cambios. 🔳

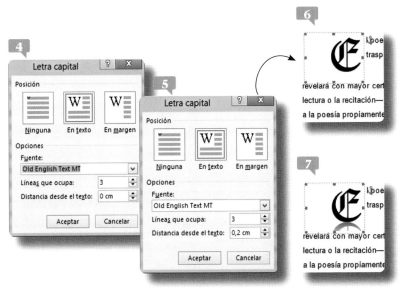

Insertar números de página

COMO SU NOMBRE INDICA, insertar el número de página consiste en identificar y distinguir cada una de las páginas de un documento con un número. La inserción organizada de estos números facilita la localización de una página concreta; además permite crear índices que se correspondan y sean sencillos de encontrar el contenido concreto. La inserción de los números de página es variable, y en este ejercicio enumeraremos los modos de hacerlo.

1. Seguimos con el documento **Arcoylira.docx**. Antes de empezar, asegúrese de que se encuentra en la vista **Diseño de impresión**, el segundo de los comandos situados en la **Barra de estado**.  Una vez hecho esto, active la ficha **Insertar** de la Cinta de opciones, pulse el botón **Número de página** del grupo de herramientas **Encabezado y pie de página**, y observe las distintas opciones disponibles.

2. Las distintas opciones incorporan maneras diferentes de colocar los números de página. Tienen que ver con la posición en que se colocan los números, si es la parte superior, inferior, en los márgenes de la página. Seleccione la opción **Final de página**.

3. Repare que, dentro de esta opción **Final de página**, hay distintas modalidades y estilos de diseño de numeración inferior también distintos. Use la barra de desplazamiento vertical del panel para visualizar las opciones ofrecidas, y seleccione la primera opción de la categoría **Con formas**.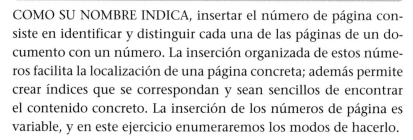

4. Acto seguido se inserta el número en cada página del documento. **5** Junto al número de pie de página se han activado la ficha contextual **Herramientas para encabezado y pie de página**, y, además, los espacios de página correspondientes al encabezamiento y pie de la página. En la página **1**, pulse sobre la cinta en la que se encuentra el número **6** y active la pestaña **Formato**. **7**

5. Procederemos a cambiar el estilo de la forma. Pulse sobre el comando **Efectos de forma** en el grupo de herramientas **Estilos de forma** y elija el efecto que usted prefiera pulsando sobre él. **8**

6. Apliquemos un formato distinto al número de página. Haga clic en la pestaña **Diseño** del grupo **Herramientas para encabezado y pie de página**, seleccione la opción **Número de página** y elija la opción **Formato del número de página**. **9**

7. Observe el cuadro **Formato de los números de página**. Despliegue el campo **Formato de número**, seleccione la opción que desee y pulse sobre el botón **Aceptar**.

8. De este modo tan sencillo hemos insertado un número de página, hemos modificado su formato y ahora podemos observarlo. Terminemos este ejercicio. Pulse el botón **Cerrar encabezado y pie de página**, vaya a la página 2 para comprobar que aparece el número de página **10** y almacene los cambios realizados.

036

IMPORTANTE

Hay muchas maneras distintas de insertar el número de página. Puede hacerlo en la parte inferior, en los márgenes o en la parte superior de una página. Para hacerlo, active los espacios **Encabezado** y **Pie de página**.

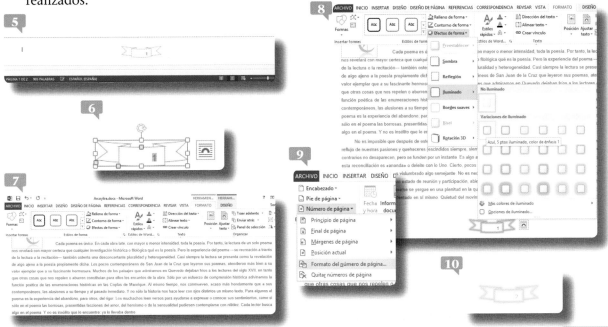

Crear y añadir columnas

LAS COLUMNAS SON UN tipo de formato que se aplica a documentos de tipo periodístico, a libros, a folletos, a boletines, etc. Por defecto, el procesador de textos Word 2010 cuenta con una sola columna, pero ello no implica que no podamos modificar la cuantía de las mismas. En esta lección le mostraremos el proceso a seguir para usar el comando Columnas.

1. En este ejercicio nos centraremos en la lista de elementos del documento **Hemingway.docx**. Seleccione esta lista, active la ficha **Diseño de página** y pulse sobre el comando **Columnas**.

2. De este modo se despliega un panel con las distintas opciones de columnas. Aplíquele el formato de dos columnas pulsando la opción **Dos** y compruebe que, efectivamente, el texto se ha dividido en dos columnas.

3. Nuestro propósito es modificar los valores para adaptarlos a nuestras necesidades. Despliegue nuevamente el comando **Columnas** y seleccione la opción **Más columnas**.

4. En el cuadro **Columnas**, indicaremos que el ancho de columna será definido por Word. Para ello, elimine el contenido del campo **Ancho**.

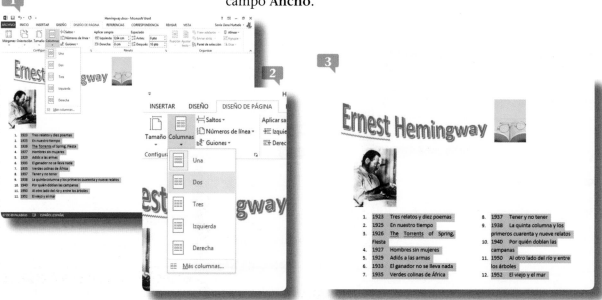

037

5. Introduzca el valor **7cm** en el campo Espaciado y compruebe cómo el campo Ancho se completa automáticamente.

6. Active la casilla de verificación **Línea entre columnas**.

7. En la vista previa, podrá ir visualizando el aspecto que tendrán las columnas. Pulse el botón **Aceptar** para aplicar los cambios.

8. Con el texto todavía seleccionado, abra de nuevo el cuadro **Columnas** desde la opción **Más columnas** del comando **Columnas**.

9. Dividiremos el texto en tres columnas, haciendo que cada columna tenga una anchura distinta. Pulse la opción **Tres** de la categoría **Preestablecidas**, desactive la casilla de verificación de **Columnas de igual ancho** para modificar el valor de las distintas columnas, e introduzca el valor **3,9 cm** para la primera columna.

10. Observará que, modificados los valores de ancho de columna, las otras columnas se modificarán automáticamente. Reduzca el tamaño de la tercera columna a **3,8 cm**, desactive la casilla de verificación de la opción **Línea entre columnas** y haga clic en el botón **Aceptar**.

11. Compruebe los resultados desactivando la selección. El texto, como ve, está dividido en tres columnas. Termine este ejercicio guardando los cambios.

IMPORTANTE

Como en todas las opciones aplicables a un documento de Word, la aplicación ofrece varias **configuraciones de columnas predeterminadas**, con la cantidad de columnas y el tamaño de las mismas ya definido. Utilícelo si no tiene ninguna idea o quiere evitarse la configuración manual.

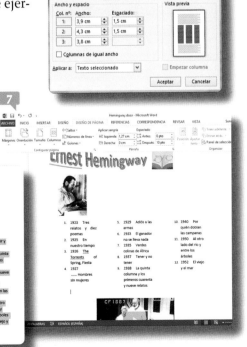

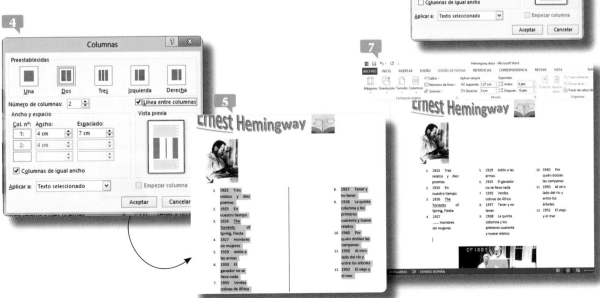

Añadir capturas de pantalla

ASÍ COMO WORD ES CAPAZ DE INSERTAR, MODIFICAR y editar imágenes, el procesador de textos de la suite Office también tiene la capacidad de insertar capturas de pantalla. ¿Qué es una captura de pantalla? Es una instantánea que se puede guardar con formato de imagen. Y como se ha dicho, puede ser insertada en un documento Word. En este ejercicio aprenderemos a hacer capturas de pantalla y a insertarlas en el documento trabajado.

1. El comando **Captura de pantalla** permite realizar capturas de dos maneras distintas. En una, aprovechamos la ventana que tenga abierta en su equipo para que Word la defina y la guarde como imagen; la segunda consiste en recortar manualmente una parte del pantallazo que queramos. Abra alguna imagen que tenga almacenada en su equipo con el **Visualizador de fotos de Windows**. Una vez hecho esto, active Microsoft Word con el documento Hemingway.docx abierto y sitúese al final del mismo. 🔳

2. Active la pestaña **Insertar**, pulse sobre el comando **Captura de pantalla** del grupo de herramientas **Ilustraciones** y de las dos opciones principales, seleccione la ventana que le interese haciendo clic sobre ella. 🔳

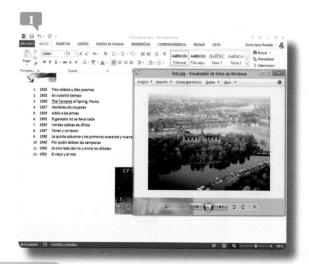

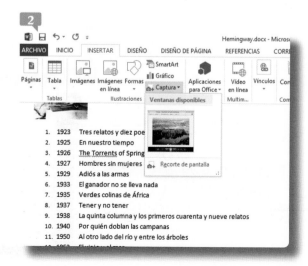

038

3. Observará que la ventana que hemos seleccionado acaba de insertarse como imagen en el punto en que se encontraba el cursor de edición y podemos editarla y modificarla como si se tratase de cualquier otra imagen.  Observe que junto con la inserción de la captura se activa la ficha contextual **Herramientas de imagen**. Utilice el comando **Recortar** del grupo de herramientas **Tamaño** para eliminar la parte sobrante de la imagen.

4. Elimine la imagen, vuelva a pulsar el comando **Captura de pantalla** del grupo de herramientas **Ilustraciones** de la ficha **Insertar** y seleccione la opción **Recorte de pantalla**.

5. La ventana de Word se minimiza y la que estaba en segundo plano pasa a primero y se muestra atenuada. Compruebe que el puntero se convierte en una cruz de color negro. Mediante la técnica de arrastre, trace un rectángulo sobre la forma que desee capturar.

6. Al soltar el ratón volverá a situarse en primer plano el documento de Word en el que trabajaba, y con el recorte de pantalla que ha capturado insertado como imagen. La captura insertada podrá manipularse con los comandos de edición del programa. Despliegue el comando **Efectos artísticos** del grupo de herramientas **Ajustar**, seleccione el efecto que más le guste y guarde los cambios realizados haciendo clic sobre la correspondiente opción.

Crear y formatear tablas

CON EL PROCESADOR DE TEXTOS WORD podemos insertar una tabla eligiendo un diseño entre varias tablas con formato previo, o seleccionando el número de filas y columnas deseadas. Podemos insertar una tabla en un documento, o insertar una tabla dentro de otra tabla más compleja. La utilización de estos elementos, más propios de las aplicaciones de la suite Excel y Access, se justifica por la obtención de una mejor presentación de los documentos. Es un modo de organizar el documento visualmente. En este ejercicio aprenderemos las maneras de insertar tablas en un documento.

1. Para llevar a cabo este ejercicio, puede utilizar un documento en blanco. Insertaremos una de las tablas predeterminadas. En la pestaña **Insertar** de la **Cinta de opciones**, del grupo de herramientas **Tablas**, despliegue el comando **Tabla** y pulse la opción **Tablas rápidas**. 🔲

2. De este modo aparece la galería de tablas rápidas. En la parte inferior de la galería, seleccione la denominada **Lista tabular** 🔲 y observe que donde se situaba el cursor de edición se inserta la tabla con formato preestablecido.

3. Creemos otra tabla. Haga clic debajo de la tabla para deseleccionarla, pulse la tecla **Retorno** para insertar una línea en blanco al documento y sitúese de nuevo en la ficha **Insertar**.

4. Vuelva a pulsar sobre el comando **Tabla** del grupo de herramientas **Tablas** y haga clic sobre la opción **Insertar tabla**.

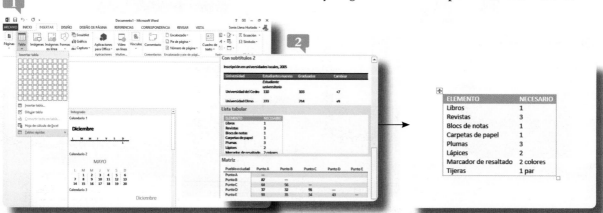

5. En el cuadro **Insertar tabla**, inserte el valor **3** en los campos **Número de columnas** y **Número de filas** y acepte el cambio. **3**

6. A continuación, haga clic en la pestaña **Presentación** de la ficha **Herramientas de tabla**.

7. Despliegue el comando **Eliminar** del grupo **Filas y columnas** y, de las opciones mostradas, seleccione **Eliminar tabla**. **4**

8. Active la ficha **Insertar** de la **Cinta de opciones** y despliegue el comando **Tabla**.

9. Crearemos manual y gráficamente una nueva tabla. Haga clic en la cuarta casilla de la tercera fila para crear una tabla de tres filas y cuatro columnas. **5**

10. Puede modificar el aspecto de las dos tablas creadas utilizando la pestaña **Diseño** de la ficha **Herramientas de tabla**. Veamos un ejemplo. Seleccione el botón **Más** de la galería estilos de tabla, pulse sobre el tercer estilo de la cuarta fila. **6**

11. Haga clic en la pestaña **Presentación** de la ficha **Herramientas de tabla**, despliegue el grupo de herramientas **Datos**, pulse el comando **Ordenar 7** y, en el cuadro de diálogo **Ordenar**, mantenga la configuración pulsando el botón **Aceptar**.

12. Puede insertar texto en las celdas, modificarlo y eliminarlo. También puede aplicarle color y bordes a las celdas usando el comando **Bordes y sombreado**. Modifique el formato como quiera.

13. Para eliminar tablas, filas y columnas, aún en la subficha **Presentación**, despliegue el comando **Eliminar** del grupo **Filas y columnas** y elija la opción del menú que necesite.

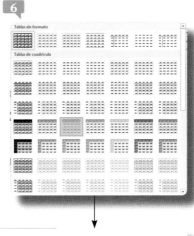

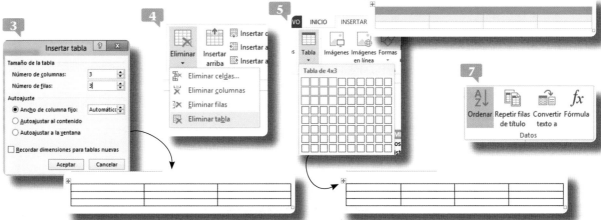

Añadir encabezados y pies de página

UNO DE LOS ASPECTOS QUE PUEDE MEJORAR sensiblemente el aspecto de un documento es la inserción de un encabezado y un pie de página. Su uso está vinculado a la inserción del nombre del autor, la fecha de creación del documento, el título, etc. Entendemos por pie de página al área ubicada en el margen inferior del documento, utilizado con la misma finalidad que el encabezado. En este ejercicio aprenderemos a añadir, editar y eliminar encabezados y pies de página.

1. Recuperaremos para este ejercicio el documento denominado **Para corregir.docx**. Una vez lo tenga abierto en el área de trabajo, active la ficha **Insertar** y despliegue el comando **Encabezado**. 🔲

2. Aparecerá una galería de diseños de encabezados. Seleccione el tercero, denominado **Austin.**

3. El diseño se muestra o influye en los apartados para introducir el título del documento. Seleccione el texto por defecto y escriba como encabezado el lema **Propuesta literaria**. 🔲

4. Modifiquemos el aspecto del encabezado. En la ficha contextual **Herramientas para encabezado y pie de página** pulse

dentro del primer campo del grupo de herramientas **Posición**, inserte el valor **2** y fije el cambio aplicando la tecla **Retorno**.

5. A continuación, seleccione el título entero, vaya a la ficha Inicio y escoja el color que desee con la herramienta **Color de fuente**.

6. Vuelva a la ficha Diseño de la ficha contextual, pulse el botón **Cerrar encabezado y pie de página** y compruebe que en las páginas se ha insertado el mismo encabezado.

7. Para acceder al encabezado para editarlo sencillamente debe hacer doble clic dentro de él, igual que para salir de este elemento deber pulsar dos veces fuera de él. Si desea eliminarlo, deberá situarse en la ficha **Insertar** de la **Cinta de opciones**, pulsar en la herramienta **Encabezado** y elegir la opción **Quitar encabezado**. Insertar un pie de página es igual de sencillo. Pulse el comando **Pie de página** y en la galería de estilos disponibles, elija el mismo que ha elegido para el encabezado.

8. Normalmente el pie de página se utiliza para insertar el número de página. Para terminar, cerrar y desactivar el modo de edición de página, pulse el comando **Cerrar encabezado y pie de página** de la **Cinta de opciones**.

IMPORTANTE

Al pulsar sobre el comando **Encabezado** se despliega un panel desde el que puede seleccionar los distintos estilos de encabezado que Word 2013 ofrece como predeterminados.

Abrir y modificar documentos en PDF

ENTRE LAS MÚLTIPLES NOVEDADES QUE OFRECE la versión 2103 de Word, se encuentra la posibilidad de abrir y editar archivos PDF en el mismo procesador de textos. Portable Document Format (PDF) es un formato común para compartir versiones finales de documentos. Con Word 2013, ahora es posible convertir un documento PDF en un documento de Word y editar los contenidos.

1. En este sencillísimo ejercicio le mostraremos cómo Word 2013 permite abrir en el mismo programa documentos PDF. Para ello, puede utilizar cualquier archivo con este formato que tenga almacenado en su equipo o bien descargar el documento de ejemplo **Odisea.pdf**, que encontrará en nuestra página web. El proceso de conversión empieza como si abriera cualquier otro documento. Sitúese en la pestaña **Archivo** y haga clic sobre el comando **Abrir**.

2. A continuación, se trata de localizar en su equipo u en otra ubicación disponible el documento que desee utilizar. Cuando lo haya hecho, ábralo normalmente en el área de trabajo de Word.

3. El programa lanza un cuadro de diálogo que le informa acerca del proceso de conversión. Si no desea que este cuadro vuel-

Tenga en cuenta que la conversión de documentos PDF a documentos de Word funciona mejor sobre todo con documentos de texto.

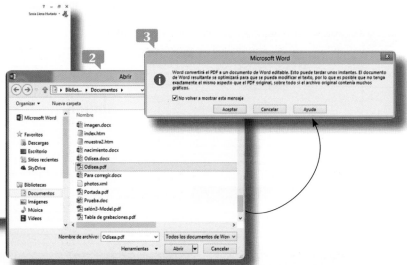

041

va a mostrarse al realizar esta acción, marque la opción **No volver a mostrar este mensaje**. Pulse el botón **Aceptar** para seguir con la apertura del documento.

4. El proceso de conversión se muestra gráficamente en la **Barra de estado** del programa.  Una vez finalizado, el documento se abre en el área de trabajo de Word como si de un documento de texto se tratara. Una de las grandes ventajas de realizar este tipo de conversión es que, además de conservar intacto el formato del documento, se respeta cualquier vínculo u efecto que dota de interactividad al archivo. Compruébelo. Pulse la tecla **Ctrl** y, sin soltarla, haga clic sobre la palabra **Troya**, resaltada en azul.

5. Efectivamente, se abre el navegador Web mostrando una página concreta. Cierre la ventana del navegador para volver al documento de Word.

6. Como hemos indicado en la introducción, es posible modificar el contenido de un documento PDF con las mismas herramientas que utilizaría con un documento de texto convencional. Para comprobarlo, seleccione el título **La partida de odiseo** y cambie cualquiera de las características de fuente (tamaño, tipo de letra, color...).

7. Para terminar este ejercicio, pulse el comando **Guardar** de la **Barra de herramientas de acceso rápido** y, en el cuadro de diálogo **Guardar como**, pulse el botón **Guardar** para almacenar el documento con formato .docx.

IMPORTANTE

Según la fuente a partir de la que se creó el PDF, es posible que el documento convertido no se corresponda exactamente página por página con el original. Por ejemplo, las páginas podrían alterarse en distintas ubicaciones.

LA PARTIDA DE ODISEO

Microsoft Excel: conocer las hojas de un libro

EXCEL ES UNA DE LAS APLICACIONES de la suite de Office con mayor recorrido. Su función es el tratamiento de las hojas de cálculo. Una hoja de cálculo es una cuadrícula rectangular formada por celdas organizadas en columnas. Excel permite manipular datos numéricos y alfanuméricos dispuestos en forma de tablas, permite realizar con ellos las más diversas operaciones matemáticas, desde sumas, restas y divisiones, hasta funciones trigonométricas. A los documentos que procesa y crea este programa se les denomina libros. En este ejercicio nos aproximaremos al programa y al desplazamiento por su interfaz.

1. Para empezar, abra Microsoft Excel desde la pantalla de inicio de Windows 8.

2. En la vista Backstage de la aplicación, haga clic en el elemento **Libro en blanco**. 🔲¹

3. De este modo abrimos un libro en blanco en el área de trabajo. 🔲² Como puede ver, la hoja de cálculo está compuesta por celdas. Compruebe que el nombre de esa celda se muestra en el cuadro de nombres: la letra se refiere a la columna y el número a la fila. Pulse sobre cualquier otra celda. 🔲³

Si necesita recordar cualquier referente a la nueva vista Backstage de las aplicaciones de Office no dude en volver a consultar los primeros ejercicios de este libro.

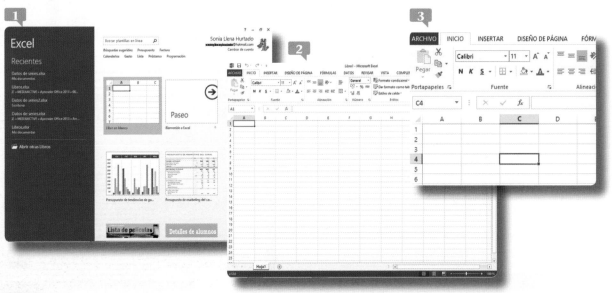

4. Familiarícese con las barras de desplazamiento, verticales y horizontales, lo mismo que puede familiarizarse con el uso de las teclas de desplazamiento del teclado y con los botones de avance y retroceso.

5. Haga clic sobre la celda **C3**,  pulse la tecla **AvPág** de su teclado y compruebe que se ubica en la celda **C28**; repita el proceso y compruebe que ahora se ubica en la celda **C53** y regrese a la celda **C3** con la tecla **RePág**.

6. Para desplazarse a la última celda del libro haga clic con el ratón en la celda **C1** y pulse la combinación de teclas **Ctrl + tecla de desplazamiento hacia abajo** para llegar a la celda número **1048576**.

7. Regrese a la celda **C1** con la combinación de teclas **Ctrl + tecla de desplazamiento hacia arriba**.

8. Puede modificar el nombre de las hojas de dos modos sencillos. O bien selecciona el nombre **Hoja1** con un doble clic y escribe el nuevo título, o bien del siguiente modo: con el botón derecho, pulse sobre el término **Hoja1** y del menú contextual que se despliega, escoja la opción **Cambiar nombre**.

9. El nombre pasa a estar en modo edición y usted puede escribir el nombre que desee. Escriba el nombre **Prueba**, haga clic sobre una de las celdas para habilitar el acceso a guardar los cambios, y guarde los cambios con el nombre **Prueba Excel**.

IMPORTANTE

Como novedad en esta versión del programa, los libros de Excel se crean con una única hoja, denominada **Hoja 1**. El usuario puede ir creando las hojas que necesite con la ayuda del botón **Hoja nueva**, que muestra un signo + en la barra de hojas de la aplicación.

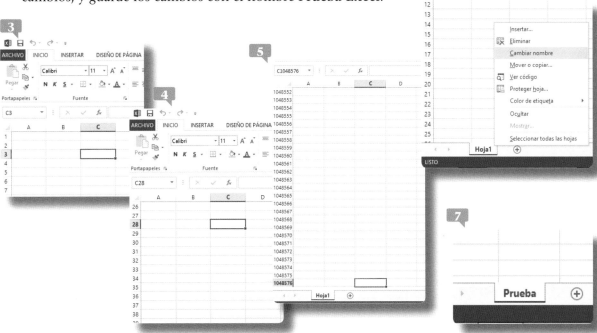

Insertar, editar y eliminar datos

LA INTRODUCCIÓN DE DATOS SE efectúa dentro de las celdas que componen la cuadrícula de la hoja. En el momento que habilitamos espacio haciendo clic sobre una celda, ésta queda seleccionada y permite la inclusión de datos. Así pues, los datos insertados quedarán escritos en esa celda, y nunca pasarán a otra a no ser que cambiemos de celda manualmente. En este sencillo ejercicio le mostraremos cómo introducir, editar y eliminar datos en las celdas.

1. Cuando seleccionamos una celda, la correspondiente cabecera de la columna y de la fila quedan resaltadas de color gris. Haga clic con el ratón sobre la celda **B9** para seleccionarla y escriba el valor **17**.

2. Pulse la tecla **Retorno** para efectuar la introducción, repare que ahora está ubicado en la celda **B10** y que en la barra de fórmulas no aparece el contenido insertado en la celda anterior e inserte el valor **28,28**.

3. Entre la **barra de fórmulas** y el **cuadro de nombres** hay tres iconos distintos. Por orden de izquierda a derecha, se denominan **Cancelar**, **Introducir** e **Insertar función**. Pulse sobre la opción **Introducir** para confirmar la introducción de lo insertado.

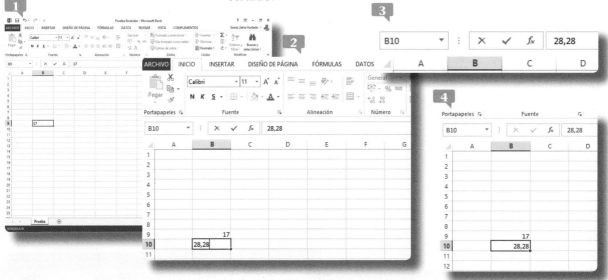

4. Puede insertar, si lo prefiere, tanto datos numéricos como de tipo texto. Ubíquese en la celda **A2**, escriba el texto **Literatura** y pulse la tecla **Retorno**. [5]

5. Como sucede con la inserción de números, una vez pulsada la tecla **Retorno**, la aplicación salta a la celda ubicada inmediatamente debajo de la trabajada. Supongamos ahora que queremos regresar al texto anteriormente escrito y matizarlo. Haga clic sobre la celda **A2**, haga clic en la barra de fórmulas detrás de la palabra Literatura, escriba el término **Japonesa** [6] y pulse la tecla **Retorno**.

6. De este modo tan sencillo e intuitivo puede insertar datos y editarlos en un libro de Excel. Recuerde que denominamos libro al documento que utiliza Excel para trabajar, documento al archivo que usa la aplicación Word, presentación al que se crea con la aplicación PowerPoint y base de datos al documento generado con Access. Así como podemos insertar un texto o modificarlo, podemos usar el comando **Deshacer** para corregir un error. Pulse sobre el comando **Deshacer** de su **Barra de herramientas de acceso rápido**. [7]

7. Por último, puede sobreescribir un texto existente. Con la celda **A2** seleccionada, escriba **Historia** [8] y observe que el texto anterior queda eliminado automáticamente.

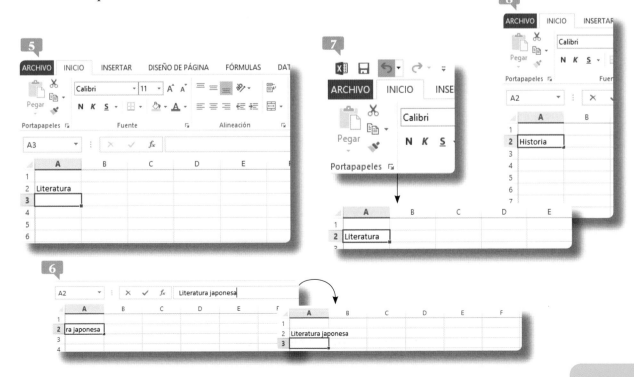

Comprender Excel: columnas y filas

LA ESTRUCTURA DE LAS HOJAS de cálculo es muy sencilla. La hoja de cálculo se organiza en filas y columnas. Las columnas se identifican por una letra, o combinación de letras, situada en la cabecera, y las filas se identifican por un número ubicado a su izquierda. En esta lección nos centraremos en el estudio de los aspectos primitivos de las columnas y filas: su selección, la modificación de su tamaño, etc.

1. Para empezar a entrar en materia en la funcionalidad de Excel 2013 le recomendamos que descargue de nuestra página web el libro **Libros.xlsx** y lo abra en primer plano. Una vez abierto, le mostraremos cómo seleccionar una columna entera. Pulse sobre la cabecera de la columna **B** para seleccionar todas las celdas.

2. Observe que todas las celdas quedan enmarcadas con un borde de color verde (novedad en esta versión del programa) y sobre un fondo de color gris. Para deseleccionar estas celdas, haga clic en cualquiera de las celdas de la hoja de cálculo.

3. Sucede lo mismo con las filas. En el momento que seleccionamos la cabecera de una fila, todas las celdas que contiene quedan seleccionadas. Hagamos la prueba. Pulse sobre la cabecera de la fila **7**.

Como novedad en la versión 2013 de Excel, cada libro se abre en una ventana nueva, lo que facilita el trabajo en dos libros a la vez y cuando se trabaja en dos monitores.

044

4. No obstante esto, podemos seleccionar varias filas de un modo sencillo. Si las filas son consecutivas, sólo tendrá que utilizar la técnica del arrastre. Si, por el contrario, las filas no son consecutivas, para seleccionarlas tendrá que hacer clic sobre la cabecera de las filas mientras mantiene pulsada la tecla **Ctrl**. Con la fila **7** seleccionada, pulse la tecla **Ctrl** y sin soltarla pulse sobre la cabecera de las filas **10** y **13**.

5. Al mismo tiempo, y sin soltar la tecla **Ctrl**, puede seleccionar las columnas que desee. Para ello, manteniendo pulsada la mencionada tecla, pulse sobre la cabecera de las columnas **B** y **D**.

6. Deseleccione los elementos resaltados haciendo clic sobre cualquier punto de la hoja.

7. Vamos a consultar la anchura de columna de la columna **A**. Haga clic con el botón derecho del ratón sobre la cabecera de esta columna y seleccione el comando **Ancho de columna**.

8. El cuadro Ancho de columna nos indica que la anchura de esta columna es de **8,43**. Si lo desea, puede modificar este valor desde este cuadro, aunque sepa que también puede hacerlo directamente sobre ella. Cierre el cuadro **Ancho de columna**, coloque el ratón entre la cabecera de las columnas **A** y la **B** y, sin soltar el botón del ratón, arrastre ligeramente hacia la derecha.

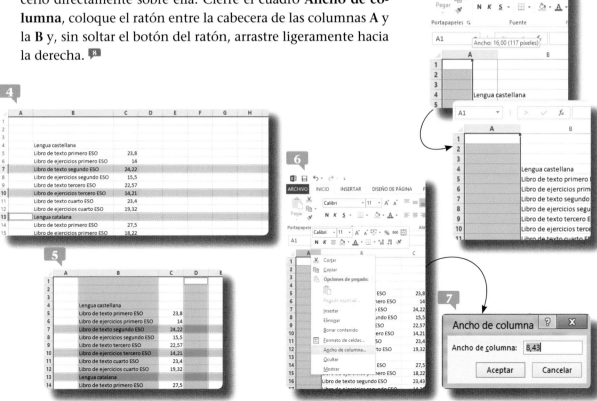

Gestionar hojas, columnas y celdas

PUEDE OCURRIR QUE, en algún momento, por descuido o por necesidad, necesite insertar o eliminar columnas o celdas. Excel le ofrece la opción de añadir y eliminar celdas y columnas en cualquier situación y en cualquier lugar de la hoja de cálculo.

1. En esta lección aprenderemos a utilizar el comando Insertar del grupo de herramientas Celdas en el menú contextual de estos elementos. Empezaremos insertando una fila en blanco por encima de la fila **13**. Para ello, ubíquese en la celda **B13**.

2. En el grupo de herramientas **Celdas**, despliegue el comando **Insertar** y haga clic sobre la opción **Insertar filas de hoja**. **1**

3. Comprobará cómo se desplazan todas las filas a partir de la 13 para abajo al tiempo que se inserta una fila encima de la celda seleccionada. **2** Insertemos ahora una columna. Por defecto, las columnas se insertan a la izquierda de la columna seleccionada. Sabiendo esto, crearemos una nueva columna entre la **B** y la **C**. Haga clic sobre la cabecera de la columna C, despliegue el comando Insertar del grupo de herramientas **Celdas** y elija en esta ocasión la opción **Insertar columnas de hoja**. **3**

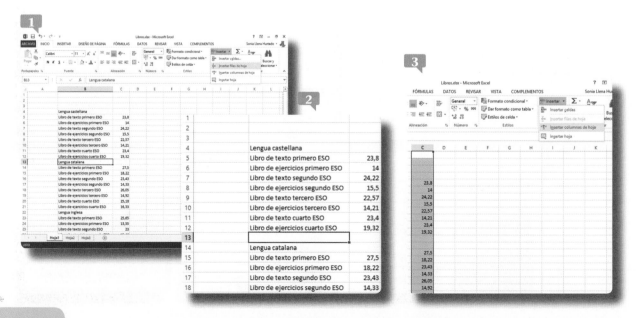

4. Compruebe cómo se inserta una nueva columna entre la **B** y la **C**, desplazando a la derecha la lista de precios. La nueva columna adquiere la misma anchura que la anterior, es decir, la **B**.  De este modo tan sencillo podemos insertar columnas y filas en nuestro libro. Repita el proceso de inserción de filas con la fila **23**. Pulse sobre la cabecera de la fila **23**, haga clic sobre el comando **Insertar** del grupo de herramientas **Celdas**, elija la opción **Insertar filas de hoja** y observe que las celdas se desplazan una celda hacia abajo.

5. Otro modo de insertar filas y columnas es utilizando el cuadro de diálogo **Insertar celdas**. Pulse con el botón derecho del ratón sobre la celda **B5** y, en el menú contextual que se despliega, seleccione el comando **Insertar**.

6. El cuadro de diálogo Insertar cuenta con cuatro opciones. Podemos insertar filas, columnas o, simplemente desplazarlas. En este caso verifique la opción **Insertar toda una fila**, pulse el botón **Aceptar** y compruebe qué ocurre.

7. Termine este ejercicio guardando los cambios mediante la combinación de teclas **Ctrl + G**.

045

IMPORTANTE

Para insertar filas y columnas puede utilizar dos métodos. Puede usar la herramienta **Insertar** del grupo **Celdas**, o bien puede aplicar la opción **Insertar** del menú contextual de la fila o la columna.

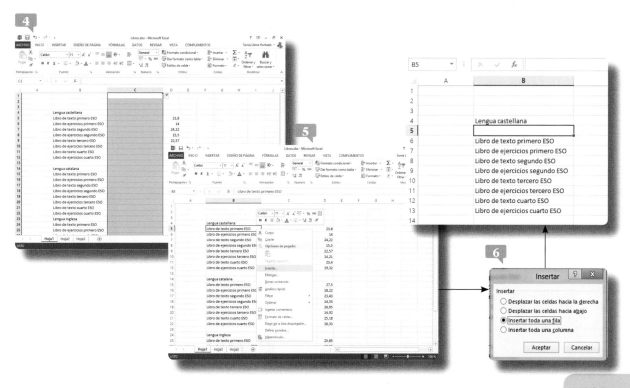

Reconocer los tipos de datos

EN UNA CELDA DE EXCEL pueden introducirse datos del tipo fijo y fórmulas. Los valores de tipo fijo se dividen en tipo texto, tipo numérico, de fecha, hora, moneda, etc. Por defecto, los valores de texto se alinearán siempre a la izquierda y los numéricos, a la derecha. Como curiosidad, sepa que cualquier valor que vaya precedido por un apóstrofo será considerado como texto por más que pueda ser un número o una fórmula matemática. En este ejercicio trataremos los distintos datos que se pueden introducir en las celdas de Excel.

1. Una vez situado en la **Hoja1** de nuestra hoja de cálculo **Libros.xlsx** pulse sobre la celda **B26** y observe que en el primer campo del grupo de herramientas **Número** de la pestaña **Inicio** puede leerse **General**, 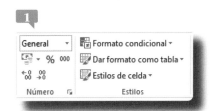 refiriéndose a la celda seleccionada. Despliegue este campo para ver las opciones disponibles.

2. Para esta celda debe seleccionar el formato **Texto** por la obviedad de que ambos (título y escritura) están en formato texto. Pulse sobre el mencionado formato.

3. Aparentemente, el texto no ha sufrido ningún cambio. Seleccione un valor numérico, como puede ser el de la celda **D28**, despliegue de nuevo el campo **Formato de número** y elija la opción **Número**.

4. Como con el paso anterior, parece que no ha ocurrido nada. Debajo del desplegable **Formato de número** hay varios iconos que permiten realizar distintas acciones sobre el número seleccionado. Veamos algunos ejemplos. Haga clic sobre el primero de estos comandos, **Disminuir decimales**.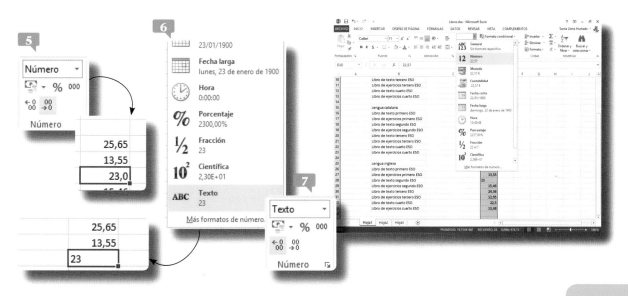

5. Observe que se han disminuido los decimales de nuestro registro. En vez de tener dos decimales ahora sólo cuenta con uno. La cantidad de decimales puede ser aumentada o reducida. Manteniendo la celda seleccionada, seleccione la opción **Texto** en el desplegable **Formato de número**.

6. Observe que el contenido de la celda se ha alineado a la izquierda. De este modo, los registros con formato numérico se alinean a la derecha y los textuales, a la izquierda. Es por eso que importa establecer un formato a las celdas. Compruebe la inutilidad del comando **Aumentar decimales** ahora que este registro no consta como número.

7. Ya sabemos qué son los formatos y cómo se aplican. Ahora completemos la tabla asignando los distintos formatos correspondientes. Seleccione la columna **D**, despliegue el campo **Formato de número** y seleccione la opción **Número**.

8. A continuación, seleccione la columna **B**, despliegue el campo **Formato de número** y seleccione la opción **Texto**.

9. Otra forma de aplicar el formatos a celdas independientes es mediante el cuadro **Formato de celdas**. Pulse sobre el botón **Guardar** de la **Barra de herramientas de acceso rápido**.

046

IMPORTANTE

A los datos con formato numérico se les puede aumentar o reducir los decimales si están en una celda con formato de **Número**. Si, por el contrario, o por error, están en celdas de formato **Texto**, no podrá controlar los decimales desde la herramienta **Número**.

Insertar y editar fórmulas

ENTENDEMOS POR FÓRMULA la operación con constantes o que hace referencia a otras celdas. Las fórmulas son elementos esenciales que en esta versión de Excel, la 2013, ha incrementado en número. La Barra de fórmulas es redimensionable, es decir, cambia de tamaño automáticamente para contener fórmulas largas y complejas. Con la introducción de las fórmulas podemos convertir la hoja de datos en una calculadora que va actualizando los resultados a medida que modificamos las variables.

1. Mantenga el archivo **Libros.xlsx** abierto en el área de trabajo y, para comenzar, seleccione una celda vacía, como por ejemplo la **E37** e introduzca la siguiente fórmula: **=6+7**, **1** fíjese que en la **barra de fórmulas** está escrita la fórmula correspondiente a la suma **2** y pulse la tecla **Retorno**. **3**

2. La suma es la fórmula aplicable más sencilla. El programa funciona como una calculadora, mostrando el resultado de la operación en la celda. Podemos introducir una fórmula en la que uno de los sumandos sea una referencia a otra celda. Es decir, sumarle una cantidad a una celda que ya tiene una cantidad concreta. Seleccione la celda **E38** para seleccionarla e inserte la fórmula siguiente: **=90+E37**. **4** Pulse **Retorno** para realizar la operación. **5**

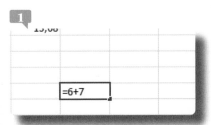

Para que Excel la interprete como tal, toda fórmula debe ir precedida del signo =.

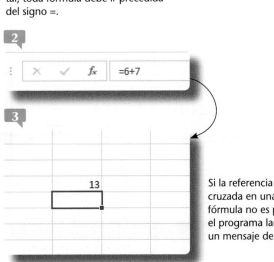

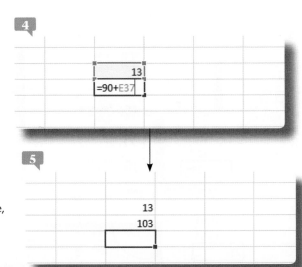

Si la referencia cruzada en una fórmula no es posible, el programa lanzará un mensaje de error.

3. Insertaremos ahora una fórmula más que conste de dos referencias. Con la celda **E39** seleccionada, inserte el símbolo =.

4. Una vez introducido, debemos seleccionar una celda con el ratón para que Excel la tome como referencia para la fórmula. Pulse sobre la celda **E38** y cuando observe que el nombre de ésta se introduce en la fórmula y queda enmarcada con una línea discontinua de color azul, 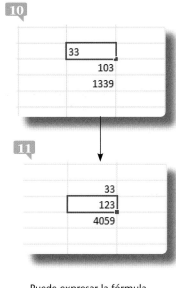 es momento de insertar el símbolo matemático que desee. En este caso, pulse la tecla asterisco (*) para insertar el signo de multiplicación.

5. A continuación seleccione la celda **E37** y pulse la tecla **Retorno** para confirmar la multiplicación.

6. Una vez introducida la fórmula, podemos editarla. Las fórmulas se editan de igual modo que el texto: mediante una doble pulsación en la celda y modificando su contenido directamente o desde la **barra de fórmulas**. Haga clic sobre la celda **E37**, escriba **33** y pulse la tecla **Retorno** para confirmar el cambio.

7. Observe que mientras estaba editando la fórmula, o justo antes de pulsar la tecla **Retorno**, la aplicación ya ha seleccionado las dos celdas concretas para poder trabajar con ellas. Una vez pulsada la tecla **Retorno**, se han insertado los cambios, modificando el resultado numérico. Hay infinidad de fórmulas aplicables pero este ejercicio pretendía ser una muestra de su inserción, editado y uso. Guarde los cambios pulsando sobre el botón **Guardar**.

047

IMPORTANTE

Siempre que seleccione una celda como referencia de una fórmula, ésta se seleccionará con un borde de color. Si modifica el contenido de una celda que funciona como **referencia** de una fórmula, el resultado de la fórmula, evidentemente, cambiará.

10

33	
	103
	1339

11

	33
	123
	4059

Puede expresar la fórmula de multiplicación utilizando el asterisco (*), así como también puede usar la fórmula de división aplicando una barra inclinada (/). Éstas son dos de las fórmulas más usadas.

6

	13
	103
=E38	

8

	13
	103
=E38*E37	

7

	13
	103
=E38*	

9

	13
	103
	1339

Aplicar la función Autosuma

LA FUNCIÓN AUTOSUMA ES, principalmente, la de agilizar la introducción de las funciones habituales. Esta función es, probablemente, la más usada en una hoja de cálculo. Al ejecutar esta herramienta, el programa opta por la función Suma, estableciendo el rango de celdas sobre el que debe aplicarse.

1. Recupere para este ejercicio el libro **Libros.xlsx**. En este caso, imagine que, una vez rellenados los datos, le interesa calcular los precios insertados. Excel es capaz de hacerlo automáticamente con la función **Autosuma**. Sitúese en la pestaña **D35** pulsando sobre ella.

2. Haga clic sobre la pestaña **Fórmulas** de la **Cinta de opciones**, despliegue el comando **Autosuma**, ubicado en el grupo de herramientas **Biblioteca de funciones**, y elija la opción **Suma**.

3. Observe que podemos seleccionar cuántas celdas queremos sumar exactamente. Supongamos que queremos sumar el total del precio de los libros de **Lengua inglesa** y **Lengua catalana**. Para ello, haga clic sobre uno de los extremos superiores del marco que delimita el rango de celdas actual y arrastre hasta la celda **D16**.

4. Pulse la tecla **Retorno** para confirmar la fórmula y obtener el resultado.

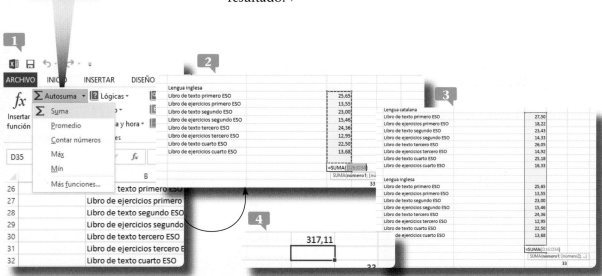

5. A continuación imagine que quiere saber el precio de los libros de **cuarto de ESO**. Sitúese en la celda **E35** y pulse sobre el comando **Autosuma**.

6. Observe que la aplicación toma como primer sumando la celda contigua. Sin embargo, éste no es nuestro propósito. Haga clic en la celda D33, pulse la tecla **Ctrl** y, sin soltarla, haga clic en las celdas correspondientes al precio de libros de cuarto de ESO.

7. Pulse al tecla **Retorno** para confirmar la fórmula y obtener el resultado.

8. La **Suma** es la principal operación de la herramienta **Autosuma**, pero no es la única. Entre sus funciones encontramos **Más** y **Min** que calculan valores máximos o mínimos de un rango de celdas, **Contar números** y la denominada **Promedio**, que calcula el promedio de valores. Utilicemos esta última herramienta para calcular el precio medio de los libros de texto. Sitúese en la celda **F35**.

9. Despliegue la pestaña **Autosuma** y, de las opciones disponibles, seleccione **Promedio**.

10. Excel selecciona las celdas que considera que debe utilizar para su trabajo. Seleccione todas las celdas de la columna D que contienen precio y pulse la tecla **Retorno** para obtener el promedio.

048

IMPORTANTE

Excel selecciona de manera automática el rango de celdas que considera que deseamos usar para la suma. Si éste no es el rango deseado, puede modificarlo cuando lo necesite.

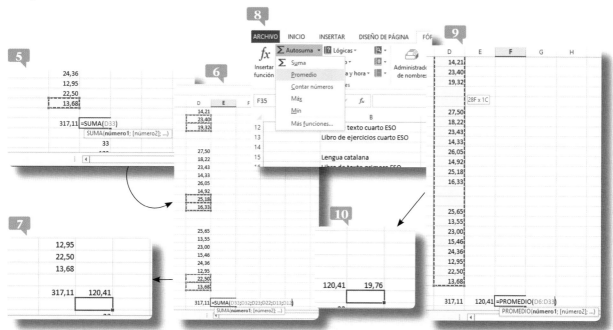

Utilizar las opciones de autorrelleno

CUANDO RELLENAMOS UNA LISTA automáticamente aparece la etiqueta de Opciones de autorrelleno. Si escribe una fecha en una celda y arrastra la celda hacia abajo para rellenar las celdas situadas debajo de la misma, aparecerá el botón Opciones de autorrelleno. Las opciones que incluye son: Copiar celdas, Rellenar serie, Rellenar formato sólo y rellenar sin formato.

1. Las opciones de autorrelleno son utilísimas para completar nuestra tabla. Antes tendremos que practicar con las opciones fuera de la tabla. En una celda vacía como puede ser la **C42** inserte el número **4**, pulse la tecla **Retorno** y en la siguiente celda introduzca el número **5**.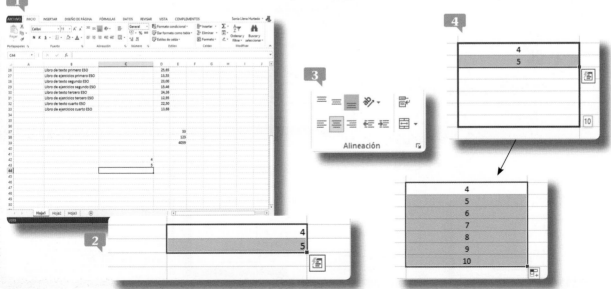

2. Pulse la tecla **Retorno**, seleccione la celda **C42**, mantenga la tecla **Mayúscula** pulsada y haga clic sobre la celda **C43** para seleccionar el rango.

3. Haga clic sobre la herramienta **Centrar** del grupo de herramientas **Alineación** para que el contenido de las celdas se centre y, para rellenar la serie automáticamente, arrastre con el ratón desde la parte derecha inferior hasta la celda **C48**.

4. En el momento que suelta el ratón, el resto de celdas seleccionadas queda rellenado autonuméricamente. Observe que

aparece una etiqueta inteligente. Esta es la etiqueta inteligente **Opciones de autorrelleno**. Haga clic sobre esta etiqueta y seleccione la opción **Rellenar sin formato**.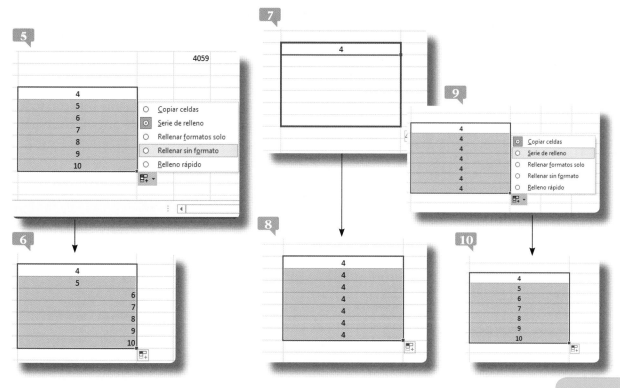

5. Observe que las celdas rellenadas no son una copia de los originales, lo que se muestra ahora es una serie de números con la alineación predeterminada por Excel. Seleccione desde las celdas **C43** hasta la **C48**, pulse la tecla **Suprimir**.

6. Puede utilizar las opciones de autorrelleno sin necesidad de tener más de una celda llena. Seleccione la celda **C42** y arrastre su vértice inferior derecho hasta la celda **C48**.

7. Cuando suelte el ratón verá que se han rellenado con el mismo número. Podemos dejarlo así o bien utilizar las opciones de autorrelleno. Despliegue la etiqueta emergente y seleccione la opción **Serie de relleno**.

8. ¿Qué ha ocurrido? La aplicación Excel reconoce esta lista como numeración. Ha copiado la alineación de todas las celdas, y la lista por orden descendente. Sin deseleccionar estos registros, pulse la tecla **Suprimir** para eliminar el contenido y guarde los cambios pulsando el comando **Guardar** de la **Barra de herramientas de acceso directo**.

IMPORTANTE

La aplicación Excel 2010 identifica los números consecutivos de forma directa, como una lista, al copiarlos. Si lo único que desea es copiarlos sin completar la lista, seleccione la opción **Copiar celdas** de las **Opciones de autorrelleno**.

Dividir columnas de datos

LA FUNCIÓN DE EXCEL 2013 RELLENO DE DATOS es como un asistente que le ayuda a agilizar las tareas de inserción de datos siguiendo un patrón que la misma función reconoce. Una de las aplicaciones más eficaces de la función Relleno rápido es la división en distintas columnas del contenido de una sola, por ejemplo, nombre y apellido, ciudad y código postal, mes y año, etc. Partiendo de una lista creada en una columna, el programa repartirá fácilmente este contenido en dos columnas.

1. Para llevar a cabo este nuevo ejercicio le recomendamos que descargue desde nuestra página web el documento **Clientes. xlsx** y, una vez guardado en su equipo, lo abra en Excel. La hoja en cuestión cuenta con una columna en la que se muestra, hipotéticamente, un mes y un valor, que corresponde al número de clientes atendidos en la empresa, por ejemplo. Vamos a separar estos dos elementos en dos columnas. Para empezar, seleccione la celda **B2**, escriba la palabra **Enero** y pulse la tecla **Retorno**. 🔲

2. El primer elemento de la lista debemos introducirlo siempre para que el programa pueda identificar el contenido lógico siguiente. En la siguiente celda, empiece a escribir la palabra **Febrero** y vea lo que ocurre. 🔲

3. La nueva función **Relleno rápido** muestra una lista con todos los primeros elementos de la columna de origen, correspon-

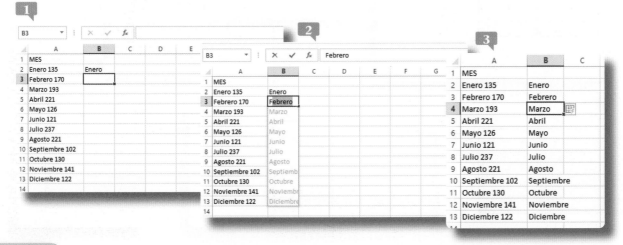

dientes, en este caso, a todos los meses del año. Si el contenido de la lista es el que está buscando, pulse la tecla **Retorno** para completar la columna automáticamente.

4. Imagine la de tiempo que puede ahorrarse gracias a esta nueva función de Excel 2013. Completemos del mismo modo la segunda columna. Haga clic en la celda C2 y escriba el valor 135.

5. Recuerde que el primer valor de la nueva columna siempre debe aparecer para poder ejecutar la función de relleno rápido. Empiece a escribir en la siguiente celda el valor 170 y, comprobando que el contenido de la lista mostrada se corresponde con los segundos elementos de la columna de origen, pulse la tecla retorno para confirmarlos.

6. Espectacular, ¿verdad? La función **Relleno rápido** funciona con los datos que necesite dividir en más de una columna, o simplemente puede usarlo para rellenar datos basándose en un ejemplo. Normalmente, esta característica empieza a funcionar cuando reconoce un patrón en sus datos. Vamos a ajustar las columnas para que el documento quede tal y como nos interesa. Seleccione la columna A con el botón derecho del ratón y haga clic en el comando Eliminar para suprimirla por completo.

7. Por último, escriba en la celda A1 el texto MES y en la celda B1, el texto CLIENTES y guarde los cambios al terminar.

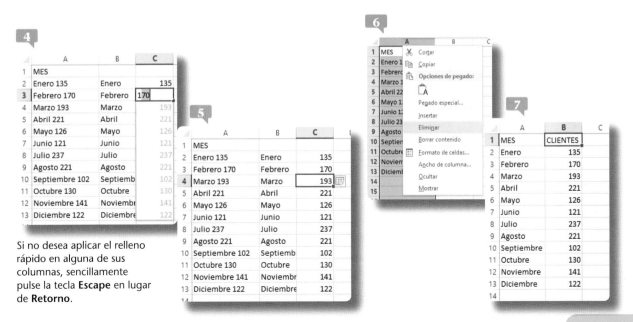

Si no desea aplicar el relleno rápido en alguna de sus columnas, sencillamente pulse la tecla **Escape** en lugar de **Retorno**.

Crear y utilizar las listas

EXCEL ES CAPAZ DE RECONOCER palabras o frases que antes hemos rellenado. Excel es capaz de reconocer dichas palabras como parte de una lista, y es capaz de continuar rellenándolas. Una lista es una serie de palabras o cifras relacionadas entre sí, con orden establecido entre ellas. La aplicación Excel 2013 ofrece una serie de listas predeterminadas, que se vinculan con los días de la semana, los meses del año, etc. Usted puede crear sus propias listas cuando le apetezca. En este ejercicio aprenderemos a agregar una lista personalizada a las ya existentes.

1. Imaginemos que los precios de los libros de texto varían cada año. Puede necesitar formalizar una tabla como ésta para hacerlo. Pulse sobre la pestaña **Archivo**, seleccione el comando **Opciones** y, en el cuadro **Opciones de Excel**, pulse sobre la categoría **Avanzadas**.

2. Utilice la **Barra de desplazamiento vertical** para llegar a la sección **General**, pulse sobre el botón **Modificar listas personalizadas** y, en el cuadro **Listas personalizadas**, haga clic sobre el icono situado junto al campo **Importar listas desde las celdas**.

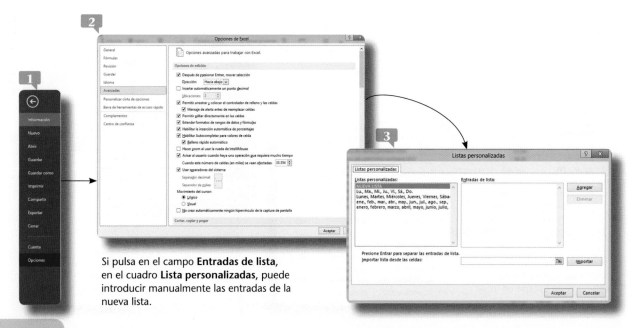

Si pulsa en el campo **Entradas de lista**, en el cuadro **Lista personalizadas**, puede introducir manualmente las entradas de la nueva lista.

3. El cuadro se minimiza. Seleccione sobre la tabla de Excel el rango de celdas con contenido de la columna B 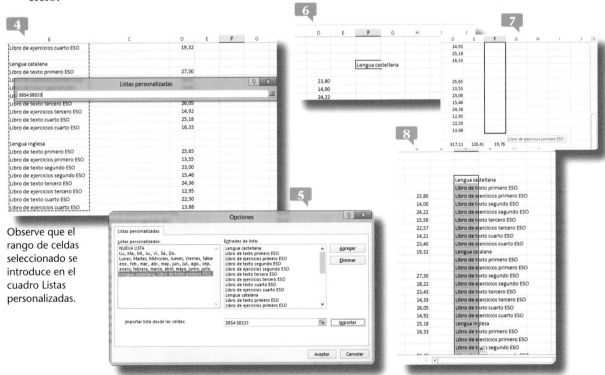 y pulse **Retorno**; haga clic en el botón **Importar** y pulse sobre el botón **Aceptar** para salir del cuadro **Listas personalizadas**.

4. A continuación, cierre el cuadro **Opciones de Excel** para volver a nuestra hoja de trabajo.

5. Comprobemos que nuestra lista se ha almacenado correctamente. Sitúese en la celda vacía **F4**, escriba **Lengua castellana**, pulse la tecla **Retorno** y seleccione dicha celda.

6. Pulse sobre el cuadrado situado en el extremo inferior derecho de la celda **F4**, arrástrelo hasta la **F35** y observe que la etiqueta va informando del contenido que con que se rellena la celda.

7. La opción **Listas personalizadas** rellena las celdas por usted, y así, si en otra ocasión tiene que volver a hacer el mismo procedimiento de inserción de celdas con el mismo nombre y orden, podrá utilizar esta lista, o bien ya habrá aprendido a crear sus propias listas. Con el contenido todavía seleccionado, pulse la tecla **Suprimir** para eliminar todas las celdas recientemente insertadas, dando así por terminado este ejercicio.

051

IMPORTANTE

El cuadro **Listas personalizadas**, que se encuentra dentro del cuadro de **Opciones de Excel**, le mostrará las listas de las que dispone Excel. Puede crearlas o modificarlas según sus propias listas.

Observe que el rango de celdas seleccionado se introduce en el cuadro Listas personalizadas.

Usar autofiltros

PODEMOS DISCRIMINAR REGISTROS que cumplan criterios y ocultar las filas que no desea ver mediante el uso de autofiltros. Es una función utilizada y muy útil para visualizar partes concretas de una tabla desbrozada mediante algún criterio. De este modo aparecen exclusivamente los datos que nos interesan. En una tabla con una lista de canciones y cantantes, pudiera interesarnos ver solamente las canciones de un determinado cantante, o de un año concreto, o de un estilo. Con el uso de los filtros lograríamos que los otros registros no se vieran temporalmente.

1. Recuperaremos para este ejercicio y el siguiente el archivo **Datos de series.xslx**. Una vez lo tenga abierto en el área de trabajo, despliegue el comando **Ordenar y filtrar** y pulse sobre el comando **Filtro**.

2. Las columnas de la fila **1** son los títulos, y a ellos se les han añadido unas pestañas que servirán para poder filtrar con mayor velocidad los datos y registros de las celdas de nuestra tabla. Pulse sobre el botón de punta de flecha del campo **Título**.

3. Observe que aparecen distintas secciones. Podemos organizar nuestros datos, podemos utilizar los **Filtros de texto**, el apartado de **Búsqueda** y las pestañas de verificación. Empecemos utilizando los **Filtros de texto**. Pulse sobre esta opción y de todas las herramientas que proporciona el menú contextual seleccione, por ejemplo, la opción **Comienza por**.

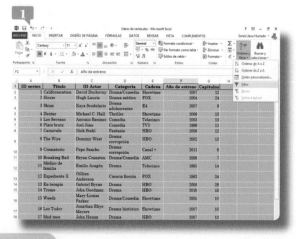

4. Aparece el cuadro **Autofiltro personalizado** en el cual debemos establecer los criterios de búsqueda: **no es igual a**, **es mayo que**, **es mayor o igual a**... etc. Escriba **C?** en el campo en el que se encuentra el cursor de edición y pulse la tecla **Retorno**.

5. De este modo hemos hecho una criba de los distintos datos que contenían una **C** al principio de su título, pero de cuyo nombre no podíamos acordarnos (de ahí el signo de interrogación). Observe que junto al campo **Título** hay una marca de filtro. Si pasea el ratón por encima comprobará el filtro aplicado. Quite el filtro. Despliegue el comando **Ordenar y filtrar** y seleccione la opción **Borrar**.

6. Volvemos a disponer de todo el contenido. Supongamos que buscamos la serie **Weeds**. Despliegue las opciones de filtro del campo **Título**, escriba en el campo **Buscar** el nombre **Weeds** y pulse la tecla **Retorno** para filtrar.

7. El programa reconoce entre sus filas el nombre **Weeds** y la criba de las demás entradas, presentándonos sólo ésta. Despliegue el menú contextual del campo **Título**, seleccione la opción **Filtrar** y pulse sobre el comando Borrar filtro de "**Título**".

8. Por último, despliegue la pestaña **Título**, deseleccione las pestañas verificadas desde **Aída** hasta **House** y pulse **Aceptar**.

9. Estos son los modos típicos de usar los filtros. Para terminar, pulse sobre el comando **Deshacer**.

052

IMPORTANTE

Cuando utilice un filtro en una tabla, las columnas que no cumplan el criterio establecido desaparecerán, ocultándose. En el botón de punta de flecha de la cabecera de la columna se le añadirá el **icono de filtro**.

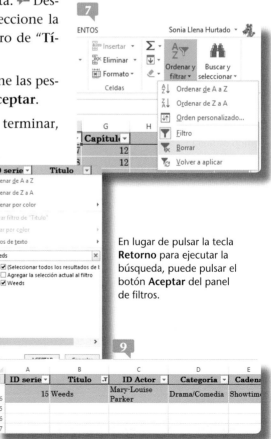

En lugar de pulsar la tecla **Retorno** para ejecutar la búsqueda, puede pulsar el botón **Aceptar** del panel de filtros.

Validar datos

DEFINIMOS VALIDACIÓN COMO el proceso por el que se establecen unos límites a los datos que puede contener una celda, fila o columna. Esto quiere decir que podemos impedir que los usuarios escriban datos no válidos, o que se les advierta de que no pueden hacerlo (ya sea con mensajes o instrucciones que ayuden a los usuarios a corregir los errores) en los lugares no correspondientes. Ésta es una herramienta de gran utilidad cuando trabajamos con un libro de Excel que compartimos con otros usuarios. Es un modo de homogeneizar la inserción y tratamiento de datos.

IMPORTANTE

No puede insertar un dato no válido en una celda con **validación de datos** aplicada. De hacerlo, Excel muestra un mensaje de advertencia que puede definirse en tres niveles distintos. Estos son: **Información**, **Advertencia** y/o **Grave**.

1. Para este ejercicio seguiremos trabajando con el documento **Datos de series.xslx**. Sitúese sobre la celda vacía **B25**, active la pestaña **Datos** y, en el grupo de herramientas **Herramientas de datos**, pulse sobre el comando **Validación de datos**. 📑

2. En el cuadro **Validación de datos**, despliegue la lista **Permitir** y seleccione la opción **Lista**. 📑

3. Esta opción activa el campo **Origen**, en el cual debemos indicar las celdas con el contenido que deseamos validar (en esta ocasión, los títulos de las películas). 📑 Haga clic sobre el icono situado a la derecha del mencionado campo, seleccione todas las celdas de la columna **B** que contengan los datos de las series 📑 y pulse la tecla **Retorno** y el botón **Aceptar**.

En versiones anteriores de Excel, el grupo de herramientas en que se encuentra el comando **Validación de datos** se denominaba **Datos**.

053

4. En la celda **B25** se ha insertado un botón de punta de flecha que le permitirá abrir la lista de datos validados. Pulse dicho botón, 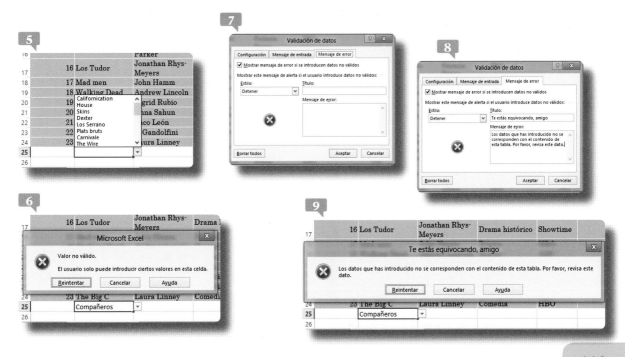 escriba manualmente el dato **Compañeros** y pulse la tecla **Retorno**.

5. El programa le informa de que no puede insertar el valor porque no pertenece a la lista de valores validados. Tras cancelar el cuadro de advertencia, pulse sobre el comando **Validación de datos** y configure el mensaje de error pulsando sobre la pestaña **Mensaje de error**.

6. Mantenga el estilo **Detener** y, en el campo **Título**, escriba: **Te estás equivocando, amigo**.

7. En el campo **Mensaje de error** escriba lo siguiente: **Los datos que has introducido no se corresponden con el contenido de esta tabla. Por favor, revisa este dato**; pulse el botón **Aceptar** para confirmar los cambios y cerrar el cuadro.

8. A continuación, escriba otra vez en la celda B25 el dato **Compañeros**, pulse la tecla **Retorno** y compruebe que el mensaje de advertencia es el que acabamos de diseñar.

9. Si pulsa el botón **Reintentar** del cuadro de advertencia, el programa le permite insertar un nuevo dato de búsqueda. Salga de este cuadro y dé por terminado este ejercicio.

IMPORTANTE

Para abrir el cuadro **Validación de datos** debe pulsar el comando del mismo nombre del grupo de herramientas **Herramientas de datos**. En él puede indicar los datos y valores que se permitirán en las celdas seleccionadas.

Orientar y alinear el contenido de una celda

LA ALINEACIÓN DE LOS REGISTROS de una tabla se alinean, por defecto, de dos maneras: los números a la derecha y el texto a la izquierda. Esto, que ya se ha advertido en ejercicios anteriores, toma en el presente ejercicio un nuevo grado de importancia. En este ejercicio aprenderemos a modificar esta alineación predeterminada de las dos maneras posibles que hay: o bien manualmente, o bien utilizando la opción Formato de número.

1. Para el presente ejercicio necesitaremos utilizar el documento **Clientes**. Cuando lo tenga abierto en el área de trabajo empezaremos a trabajar la orientación y alineación del contenido de las celdas. Primero lo haremos individualmente. Seleccione la celda **B1**. 🔲1

2. En el grupo de herramientas **Alineación** de la ficha **Inicio** hay un único comando activado, el denominado **Alinear en la parte inferior**. Haga clic sobre el botón **Centrar** y compruebe qué ocurre. 🔲2

3. El texto de la celda se ha centrado. Compruebe cómo actúa la herramienta **Alinear texto a la izquierda** haciendo clic sobre el comando en cuestión. 🔲3

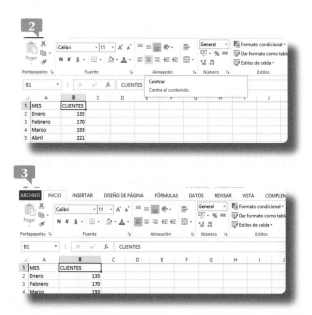

4. Una vez tratadas las herramientas de alineación, vamos a conocer las de orientación. Haga clic sobre la herramienta **Orientación** representada por las letras **ab** puestas en diagonal.

5. Se despliega un menú con distintas opciones que permiten desde aplicar distintos ángulos hasta girar el texto a un lado y a otro. Pulse sobre la opción **Ángulo descendente**.

6. El texto se ha alineado diagonalmente de forma descendente, haciendo que el tamaño de la cela aumente para abarcar el espacio del texto. Despliegue las opciones del icono **Orientación** y pulse sobre el comando **Texto vertical**.

7. Otro modo de tratar la orientación y la alineación es desde el cuadro **Formato de celdas**. Pulse sobre el iniciador de cuadro de diálogo del grupo de herramientas **Alineación** y, para devolver la orientación horizontal al texto, mantenga la palabra **Texto** seleccionada y la opción **0 Grados**.

8. De este modo, cuando acepte el cuadro, el texto volverá a estar como antes. Pulse sobre el botón **Aceptar**.

9. Puede introducir el número de grados que se le antoje para poder inclinar el texto como le apetezca. A continuación le mostraremos cómo alinear u orientar varios registros. Por ejemplo, seleccione las celdas desde la **B2** hasta la **B6**, despliegue el comando **Orientación** y seleccione la opción **Ángulo ascendente**.

10. Seleccione ahora las celdas de la **A2** a la **A6**, pulse sobre el comando **Alinear en la parte superior** y, por último, seleccione del cuadro desplegable **Orientación**, la opción **Ángulo descendente**.

054

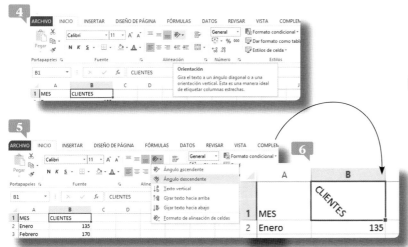

Crear y aplicar estilos de celda

LOS ESTILOS DE CELDAS SON las directrices características y relacionadas con formato, fuentes, bordes, rellenos de celdas, etc. Al aplicar un estilo, estamos determinando todas estas cosas para mejorar aspectualmente nuestro libro de Excel. Se pueden crear estilos de celda personalizados y/o modificar los predeterminados. En este ejercicio le mostraremos las distintas opciones y métodos para conseguirlo.

1. Recupere el libro **Datos de series.xslx**. Cuando lo tenga abierto en el área de trabajo, pulse la celda **B3**, despliegue el comando **Estilos de celda** del grupo de herramientas **Estilos** y, en el panel de estilos predeterminados de Excel, compruebe los distintos estilos pasando el ratón por encima de ellos. 🔲

2. Pulse sobre la opción **Nuevo estilo de celda** 🔲 y, en el cuadro de diálogo **Estilo**, escriba en el campo **Nombre de estilo** el nombre que desee, por ejemplo, **Prueba**. 🔲

3. El estilo ha tomado características de la celda base. Como este estilo lo aplicaremos tanto a los campos numéricos como de texto, desactive las opciones **Alineación**, **Número** y **Bordes** y pulse el botón **Formato**.

4. Aparece el cuadro **Formato de celdas**. Active la ficha **Relleno**, compruebe que el formato que aparece es el de la celda seleccionada y modifíquelo a su gusto. 4

5. En este cuadro puede modificar las características del formato de celda y del texto, puede modificar la fuente, el tamaño, el color de la letra, el fondo, la trama. No modificaremos nada más por ahora. Pulse sobre el botón **Aceptar**, y en el cuadro **Estilo** vuelva a pulsar el botón **Aceptar**. 5

6. Seleccione un rango de celdas y despliegue de nuevo el comando **Estilos de celda** del grupo de herramientas **Estilos**.

7. Comprobará que a las opciones de estilos de celda predeterminadas se ha añadido una categoría nueva, denominada **Personalizada**, en la que se encuentra el estilo que hemos creado. 6 Selecciónelo, desactive la selección del rango de celdas pulsando sobre otra celda y observe el resultado. 7

8. Pulse el botón **Deshacer**, despliegue el comando **Estilos de Celdas** y elija de nuevo la opción **Nuevo estilo de celda**.

9. En el cuadro **Estilo**, desactive la opción **Bordes**, identifique el estilo con un nombre, por ejemplo **Prueba2** y pulse el botón **Formato**.

10. De este modo reabrimos el cuadro **Formato de celdas**. Active la ficha **Alineación** y, en el campo **Horizontal**, seleccione la opción **Centrar;** 8 active la ficha **Fuente** y, en el campo **Estilo**, active la opción **Negrita**. Acepte los dos cuadros de diálogo.

11. Puede seguir insertando modificaciones de estilo de manera intuitiva, siguiendo las pestañas y comandos pertinentes a partir de las explicaciones antedichas. Una vez haya terminado, almacene los cambios realizados en el libro.

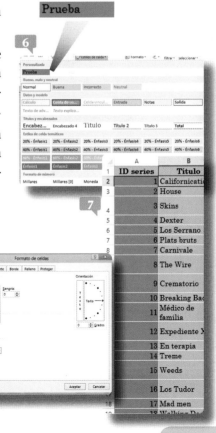

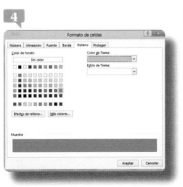

Aplicar el formato condicional

PARA ANALIZAR VISUALMENTE los datos de una hoja, Excel ofrece una herramienta denominada Formato condicional. Esta herramienta se incluye en la ficha Inicio, dentro del grupo Estilos, y permite marcar fácilmente tendencias o excepciones en los datos con barras de datos, degradados de color y conjuntos de iconos que marquen una regla determinada. En este ejercicio le mostraremos cómo aplicar formatos condicionales enriquecidos a las celdas de una tabla.

1. Para este ejercicio le recomendamos que recupere el archivo **Libros.xlsx**. Una vez abierto en el área de trabajo procederemos a la aplicación del formato condicional. Supongamos que queremos destacar los libros que cuestan más de **22 euros**. Para ello, procedamos. Seleccione el rango de celdas que contienen los datos de precios y, con las celdas seleccionadas, pulse sobre el botón **Formato condicional**, del grupo de herramientas **Estilos**. 🔲1

2. Se despliega una lista de opciones relacionadas con los formatos condicionales. Podemos resaltar reglas de celdas, reglas superiores e inferiores, utilizar barras de datos, escalas de color, etc. Podemos, asimismo, crear nuevas reglas. Pulse sobre la opción **Resaltar reglas de celdas**. 🔲2

3. Una vez hecho el paso anterior, se presentan varias opciones. A partir de ellas podemos resaltar las celdas con un precio superior a **22 euros**. Seleccione la opción **Es mayor que**.

4. En el cuadro **Es mayor que** debemos especificar el valor que se tomará como base para la regla y el formato que muestran las celdas que cumplan el requisito. En el campo **Aplicar formato a las celdas que son MAYORES QUE**, inserte el valor **22**.

5. Como observará, a medida que introduce el dato, la tabla va señalando las celdas que cumplen la regla con el formato seleccionado por defecto. Modifiquemos el formato. Pulse sobre el botón de punta de flecha del campo **Con**, seleccione la opción que prefiera y pulse sobre el botón **Aceptar**.

6. A continuación, haga clic sobre el botón **Formato condicional**, seleccione la opción **Barra de datos** y elija uno de los formatos de relleno con degradado.

7. Con esta representación gráfica podrá visualizar de manera rápida y eficaz aquellas celdas con un valor mayor de 22. Las barras de datos nos muestran gráficamente la dimensión de los valores, y los valores superiores de **22** siguen marcados del color seleccionado. Para terminar este ejercicio, borraremos los formatos condicionales aplicados. Con el rango de celdas todavía seleccionado, haga clic en el botón **Formato condicional**, seleccione la opción **Borrar reglas** y, del submenú desplegado, seleccione la opción **Borrar reglas de las celdas seleccionadas**.

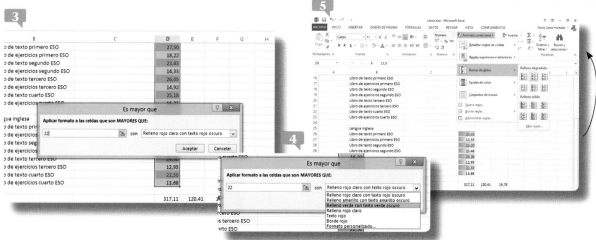

Crear y editar un gráfico

IMPORTANTE

Cuando seleccione uno de los elementos de un gráfico, el nombre se mostrará en el área **Elemento del gráfico** del grupo de herramientas **Selección actual**. Seleccionando los elementos por separado podemos editarlos y modificarlos insertándole colores, formatos y efectos distintos.

EXCEL 2010 POSEE LAS FUNCIONES NECESARIAS PARA realizar gráficos profesionales de un modo sencillo, rápido e intuitivo. En la ficha Insertar de la Cinta de opciones nos encontramos el grupo de herramientas Gráficos, donde aparece una vista previa de los distintos gráficos disponibles.

1. En este primer ejercicio dedicado a los gráficos trataremos la creación de uno nuevo basándonos en una tabla de datos: la del libro Clientes.xlsx. Seleccione las celdas correspondientes al precio de los libros de castellano y active la pestaña **Insertar**. 🔲1

2. Como novedad en la versión 2013 de Excel, el grupo de herramientas **Gráficos** muestra el comando **Gráficos recomendados**. Como su nombre indica, el programa recomienda los gráficos más adecuados según el tipo de datos de origen. Haga clic sobre este nuevo comando. 🔲2

3. Se abre el cuadro Insertar gráfico mostrando los gráficos recomendados, en este caso, cinco tipos. 🔲3 Se trata de elegir el estilo que más se adecue a sus preferencias o sus gustos. Hágalo y pulse el botón **Aceptar**.

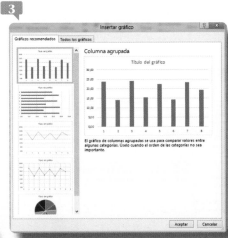

Si no le interesa utilizar ninguno de los gráficos recomendados, pulse sobre la pestaña **Todos los gráficos** y elija el que usted prefiera.

4. El gráfico se inserta como flotante en el centro de la hoja, al tiempo que aparece la ficha contextual **Herramientas de gráficos**. 1 Vamos a modificar el estilo de diseño del gráfico. Para ello, en la pestaña **Diseño** de la ficha contextual **Herramientas de gráfico**, pulse el botón **Más** del campo de estilos de diseño y seleccione el estilo que más le guste pulsando sobre él. 5

5. A continuación, haga clic en la pestaña **Formato** de la ficha contextual **Herramientas de gráficos**, despliegue el primer campo del grupo de herramientas **Selección actual** y elija la opción **Título del gráfico**. 6

6. En este menú podemos elegir el elemento del gráfico que queremos modificar. Seleccione el título predeterminado del gráfico, escriba la palabra precio libros lengua castellana y aplíquele un color y, si lo desea, algún efecto. 7

7. Junto al panel flotante del gráfico aparecen tres iconos; el primero permite añadir u ocultar elementos al gráfico, el segundo, cambiar parámetros de estilo y formato y el tercero, filtrar los datos del gráfico según valores y nombres. Pulse sobre el primero de los iconos para mostrar el panel **Elementos de gráfico**.

8. Active el elemento **Leyenda**, pulse fuera del gráfico para deseleccionarlo y guarde los cambios.

057

IMPORTANTE

Las pestañas de la ficha contextual **Herramientas de gráficos** han pasado de tres a dos en esta versión del programa: **Diseño** y **Formato**.

Los datos reflejados en el gráfico se encuentran rodeados de un marco azul en la tabla original.

Los tres iconos que aparecen a la derecha del panel flotante del gráfico representan una novedad en la versión 2013 de Excel.

Formatear un gráfico

LOS DATOS DE UN GRÁFICO PUEDEN ser formateados de forma independiente o de forma conjunta con toda la serie a la que pertenecen. Para ello es necesario seleccionar antes qué dato eliminar. Seleccionar un dato consiste, como hemos visto en ejercicios anteriores, en hacer un clic con el ratón. Podemos modificar los datos utilizando el cuadro Formato de punto de datos o formado de series. De esto tratará el presente ejercicio.

1. Empezaremos modificando la posición del gráfico en la hoja activa. Para ello, haga clic sobre el gráfico para seleccionarlo y, sin soltar el botón del ratón, arrástrelo hacia la derecha, de manera que pueda ver el contenido de la columna D.

2. Pulse sobre una de las columnas del gráfico y compruebe que, en la hoja de cálculo, queda seleccionada la serie de datos tratados.

3. A continuación aprenderemos a identificar un dato del gráfico con la celda correspondiente de la tabla. Para ello, coloque el puntero del ratón sobre una de las barras del gráfico y vea cómo aparece una etiqueta con la información.

4. Seguidamente, modificaremos un dato de la tabla para mostrar qué ocurre en el gráfico. En la tabla, pulse sobre la celda D9, escriba en ella el valor **17** y pulse **Retorno**.

058

5. Efectivamente, de forma automática se han actualizado los datos del gráfico. Seleccione con un clic una de las barras del gráfico, pulse sobre la subficha **Formato** y haga clic en el comando **Aplicar formato a la selección** del grupo de herramientas **Selección actual**. 🔲

6. Se abre el panel **Formato de serie de datos**, desde el cual puede modificar aspectos como el relleno, el estilo de borde, etc. Active el comando **Relleno y línea**, el primero de los tres iconos del panel. 🔲

7. Pulse sobre el comando **Relleno** y active la opción **Relleno de trama**. 🔲

8. En la parte inferior puede ver un amplio catálogo de estilos de trama; el programa aplica por defecto el primero de ellos. Elija con un clic el que usted prefiera y personalícelo a su gusto.

9. Haga clic ahora sobre el comando **Efectos**, el segundo del panel de formato de series de datos y compruebe los grupos de efectos disponibles. 🔲

10. Por último, haga clic en el tercero de los comandos del panel, **Opciones de serie** y compruebe que desde aquí puede trazar nuevas series en cualquier eje del gráfico, así como aplicar ajustes a estas nuevas series. Termine este ejercicio cerrando el panel Formato de serie de datos, elimine la selección del gráfico y guarde los cambios realizados en la hoja de cálculo.

> **IMPORTANTE**
>
> Los gráficos insertados se modificarán, actualizándose de forma automática, en el momento mismo en que insertemos un dato, o lo modifiquemos, o lo editemos.

Puede aplicar sombras, efectos de iluminación y de bordes suaves y formatos tridimensionales a las series de datos de sus gráficos.

De acuerdo a los cambios de interfaz comunes en toda la suite Office 2013, el panel Formato de series de datos sustituye al cuadro de diálogo del mismo nombre de versiones anteriores.

En la parte inferior del catálogo de tramas puede cambiar el color de primer plano y de fondo del estilo elegido.

Crear y personalizar minigráficos

LOS MINIGRÁFICOS SON PEQUEÑOS GRÁFICOS INCRUSTADOS en una celda de la hoja de cálculo. Estos elementos gráficos ayudan a detectar modelos en los datos introducidos, y proporcionan una representación visual de estos datos con el fin de mejorar la presentación de nuestros trabajos. En este ejercicio crearemos y personalizaremos minigráficos.

1. Para que nos resulte más sencillo trabajar y desplazarnos por la hoja de cálculo, modificaremos las dimensiones del gráfico que hemos creado y formateado en los ejercicios anteriores. Para ello, selecciónelo, haga clic en uno de los tiradores situados en sus vértices y arrástrelo hacia el centro del gráfico para reducir sus dimensiones.

2. Nuestro siguiente objetivo es crear un minigráfico que muestre, en una sola línea, los precios de los libros de lengua catalana. Vamos allá. Seleccione la celda libre **F16**, pulse sobre la pestaña **Insertar** y, en el grupo de herramientas **Minigráficos**, seleccione el comando **Línea**.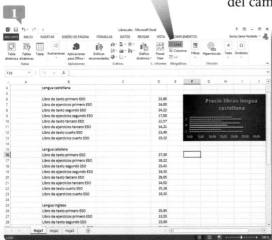

3. En el cuadro de diálogo **Crear grupo Minigráfico**, debemos seleccionar el rango de celdas que formarán el minigráfico. En el campo **Ubicación** aparece el nombre de la celda seleccionada en estos momento. Para elegir el rango de celdas que formarán el minigráfico, pulse sobre el icono situado a la derecha del campo de **Rangos de datos**.

059

4. Sobre la hoja de cálculo, seleccione la celda **D16**, pulse la tecla **Mayúscula** y sin soltarla, haga clic en la última celda correspondiente a los precios en lengua catalana.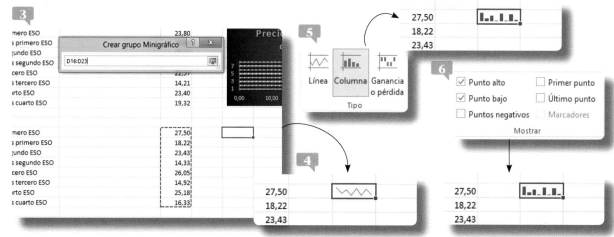

5. Tras restaurar el tamaño del cuadro de diálogo, haga clic en el botón **Aceptar** y compruebe que en la celda seleccionada se inserta el minigráfico.

6. Los puntos altos representan los precios más caros, mientras que los puntos bajos son los más baratos. El programa activa la ficha contextual **Herramientas para minigráficos**. Probaremos a convertir este minigráfico lineal en un gráfico de columnas. Pulse el botón **Columna** del grupo de herramientas **Tipo** de la ficha **Diseño**.

7. Para visualizar de forma clara el punto más alto y el más bajo del minigráfico, seleccione las opciones **Punto alto** y **Punto bajo** del grupo de herramientas **Mostrar**.

8. Podemos aplicar al minigráfico estilos predeterminados. Haga clic en el comando **Más** del panel de **Estilo** y seleccione la opción que prefiera.

9. Observe que el estilo del minigráfico de la celda ha cambiado. Si despliega el comando **Color de minigráfico** permite cambiar el color y el peso de los minigráficos en el grupo seleccionado, mientras que el comando **Color de marcador** permite modificar el color de los distintos puntos existentes en un gráfico. Además del aspecto de formato del minigráfico, estos elementos también pueden ser eliminados de la hoja cuando ya no se necesiten. Para ello, utilice el comando **Borrar** del grupo de herramientas **Agrupar**. Termine este ejercicio guardando los cambios realizados.

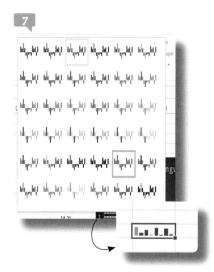

Crear gráficos desde el nuevo Análisis rápido

LA NUEVA HERRAMIENTA DE EXCEL 2013 ANÁLISIS RÁPIDO permite convertir los datos en un gráfico o una tabla de forma rápida y sencilla. Gracias a esta nueva función es posible crear al instante diferentes tipos de gráficos, incluidos de líneas y columnas, o agregar minigráficos. Además, también es posible aplicar un estilo de tabla, crear tablas dinámicas, insertar totales con rapidez y aplicar formato condicional a los datos seleccionados.

1. Seguimos trabajando sobre nuestra hoja de libros para, en esta ocasión, conocer la nueva herramienta de Excel denominada **Análisis rápido**. Utilizaremos la columna de precios de los libros en lengua inglesa, por lo empiece este ejercicio seleccionando las correspondientes celdas de la mencionada columna. **1**

2. Cuando trabaje por su cuenta, éste será el rango de celdas que le interese analizar. En la parte inferior derecha del recuadro que delimita la selección puede ver un pequeño icono; se trata del icono **Análisis rápido**. Haga clic sobre él.

3. Aparece la galería de elementos que puede generar a partir del análisis rápido realizado por el programa. **2** Como puede comprobar, es posible dar un formato condicional a los da-

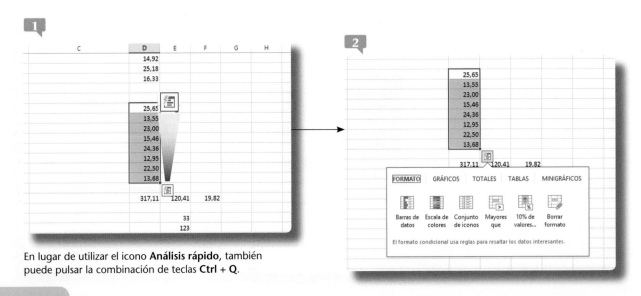

En lugar de utilizar el icono **Análisis rápido**, también puede pulsar la combinación de teclas **Ctrl + Q**.

tos seleccionados, crear un gráfico, conseguir totales, insertar tablas y generar minigráficos. Haga clic sobre el elemento **Tablas**.

4. El programa puede crear una tabla básica o bien una tabla dinámica. Sitúe el puntero del ratón sobre la opción **Tabla** y compruebe como aparece una vista previa de la tabla generada tras el análisis rápido.

5. Cualquiera de los elementos creados a partir del análisis rápido podrá ser modificado como si hubiera sigo insertado de la manera tradicional. Haga clic ahora sobre el elemento **Gráficos**.

6. Como ve, se muestran los gráficos recomendados por el programa. Sitúe el puntero del ratón sobre el estilo **Circular** y, tras comprobar las previsualización, haga clic sobre él para generar el gráfico.

7. El gráfico se inserta en el centro de la hoja, posición que podemos modificar, como vimos en ejercicios anteriores. Haga clic sobre él y arrástrelo, sin soltar el botón del ratón, hasta situarlo a la derecha de su correspondiente columna.

8. Reduzca las dimensiones del gráfico utilizando lor tiradores situados en su borde.

IMPORTANTE

Recuerde que el elemento **Formato** permite resaltar parte de sus datos agregando aspectos como colores y barras de datos, lo cual le permite ver con rapidez valores altos y bajos, entre otras cuestiones.

La opción **Más gráficos** de la galería de gráficos abre el cuadro de diálogo **Insertar gráfico**.

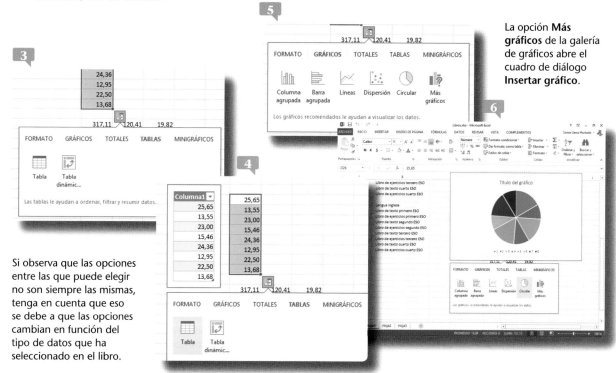

Si observa que las opciones entre las que puede elegir no son siempre las mismas, tenga en cuenta que eso se debe a que las opciones cambian en función del tipo de datos que ha seleccionado en el libro.

Crear y editar tablas dinámicas

LAS TABLAS DINÁMICAS SON resúmenes de datos cuya función permite analizar profundamente series de datos. Están diseñadas para hacer consultas en bases de datos extensas, calcular subtotales, agregar datos numéricos, resumir datos por categorías y subcategorías o filtrar y ordenar conjuntos de datos para su posterior presentación de informes, tanto electrónicos como impresos, profesionales y visualmente. El concepto dinámico procede de su utilización, la inserción en directo. En este ejercicio, pues, aprenderemos a crear y editar estas tablas dinámicas.

1. Para crear una tabla dinámica es imprescindible que la tabla de origen sea de un modo determinado. Por ello, y antes de comenzar, la ajustaremos de tal modo que podamos trabajar con ella en éste y en el siguiente ejercicio. Seleccione la columna **C**, que está en blanco, haga clic con el botón derecho del ratón sobre su cabecera y, de las distintas opciones, pulse sobre la denominada **Eliminar**.

2. Seguidamente, guardaremos este libro con otro nombre. Pulse la tecla **F12**, cambie en el cuadro **Guardar como** el nombre original por **Libros2** y pulse sobre el botón **Guardar**.

3. Como última modificación, y para que la tabla pueda crearse sin problemas, escriba la palabra **Precio** en la celda **C4**.

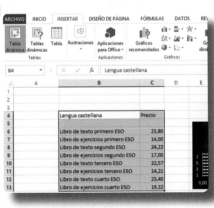

El comando **Tabla dinámica** sustituye al comando **Asistente para tablas y gráficos dinámicos** de versiones anteriores de la aplicación.

4. Ahora ya podemos empezar a crear nuestra tabla dinámica. Seleccione el rango de celdas desde **B4** hasta **C13**, pulse sobre la pestaña **Insertar** y haga clic sobre el comando **Tabla dinámica**, en el grupo de herramientas **Tablas**.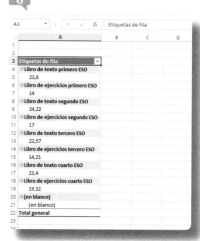

5. El comando **Tablas dinámicas** situado a la derecha del utilizado abre una galería de tablas dinámicas recomendadas por el programa. Para aquellos que no tengan todavía demasiada idea acerca de estos elementos, las tablas recomendadas pueden ser de gran ayuda. En el cuadro **Crear tabla dinámica** aparecen las celdas seleccionadas. En este cuadro, y de forma predeterminada, se establece que el informe de tabla dinámica se creará en un nueva hoja de cálculo. Pulse sobre el botón **Aceptar** para cerrar el cuadro.

6. Observe que hemos creado un informe de tabla dinámica en blanco en una nueva hoja. En el panel Campos de tabla dinámica aparecen las dos etiquetas que se utilizarán para crear la tabla: **Lengua castellana** refiere los nombres de los libros y los cursos y **Precios**, los precios de cada libro. Marque las dos opciones.

7. Observe que, debido a que no hemos eliminado uno de los espacio de las filas, hay uno de los registros que equivale a **En blanco**. Sitúe el ratón sobre el elemento **Precios** del panel, haga clic, desmarque la opción **En blanco** pulse sobre el botón **Aceptar**.

061

IMPORTANTE

La ficha contextual **Herramientas de tabla dinámica**, se carga con la tabla dinámica. Siempre que la tabla dinámica esté activa, la ficha contextual antes mencionada estará cargada.

Puede aplicar el comando filtros a cualquiera de los campos de una tabla dinámica. Su utilización facilitará la visualización de algunos datos determinados.

Crear y usar rangos

AL CONJUNTO DE CELDAS, YA SEAN CONSECUTIVAS o no dentro de la hoja de cálculo, se le denomina rango. Al conjunto de celdas seleccionado y almacenado como tal lo denominaremos rango, ampliando el sentido del término. Así pues, una vez creado un rango se le puede asignar un nombre y, cada vez que necesitemos utilizarlo en particular para ciertos cálculos, Excel lo introducirá automáticamente. De este modo, en el presente ejercicio trabajaremos con este concepto, tanto para la creación de rangos, como para su uso.

1. Continuamos trabajando sobre el archivo **Libros2.xlsx** o (**Libros.xlsx**). Crearemos rangos utilizando dos procedimientos distintos. Seleccione las celdas de la columna C correspondientes a los precios de los libros de inglés.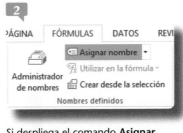

2. Puede resultar de gran utilidad nombrar los rangos que nos interese utilizar. Pulse sobre la pestaña **Fórmulas**, y en el grupo **Nombres definidos**, pulse sobre el botón **Asignar nombre**.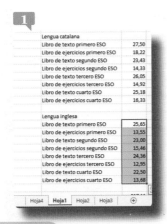

3. Se abre el cuadro **Nombre nuevo**, donde tendrá que indicar el nombre que asignará al rango. Además, puede incluir un breve comentario que el ayude a identificarlo mejor. En el campo **Nombre**, inserte, por ejemplo, el término **Inglés1**.

4. Observe que el campo ámbito se ha completado automáticamente con la opción **Libro**. Si despliega este campo, comprobará que aparecen listadas todas las hojas que componen el

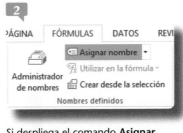

Lengua catalana	
Libro de texto primero ESO	27,50
Libro de ejercicios primero ESO	18,22
Libro de texto segundo ESO	23,43
Libro de ejercicios segundo ESO	14,33
Libro de texto tercero ESO	26,05
Libro de ejercicios tercero ESO	14,92
Libro de texto cuarto ESO	25,18
Libro de ejercicios cuarto ESO	16,33
Lengua inglesa	
Libro de texto primero ESO	25,65
Libro de ejercicios primero ESO	13,55
Libro de texto segundo ESO	23,00
Libro de ejercicios segundo ESO	15,46
Libro de texto tercero ESO	24,36
Libro de ejercicios tercero ESO	12,95
Libro de texto cuarto ESO	22,50
Libro de ejercicios cuarto ESO	13,68

Hoja4 **Hoja1** Hoja2 Hoja3

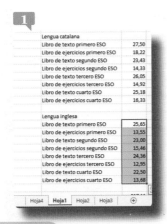

Si despliega el comando **Asignar nombre** aparecerá la opción **Definir nombre**, que abre igualmente el cuadro **Nombre nuevo**.

062

libro, por lo que si lo prefiere puede elegir únicamente la que le interese. En este caso, mantendremos la opción global **Libro**. Puede escribir, en el campo comentario, el término **Lista de precios de libros de lengua inglesa**.

5. El campo **Se refiere a** refleja el rango de celdas seleccionadas. Si necesitar cambiar este rango, pulse sobre el icono de la derecha de este campo y seleccione directamente en la tabla un nuevo rango. Pulse sobre el botón **Aceptar**.

6. En el cuadro de nombres, situado a la izquierda de la barra de fórmulas, aparece el nombre del rango seleccionado: **Inglés1**. Creemos un nuevo rango usando el menú contextual. Seleccione el rango de celdas que contiene los precios de los libros de lengua catalana, pulse sobre la selección con el botón derecho del ratón y haga clic sobre la opción **Definir nombre**.

7. Se abre el cuadro **Nombre nuevo**. En el campo **Nombre** escriba **Lengua_catalana** y en comentario, **Lista de precios de libros de lengua catalana**; confirme el botón **Aceptar**.

8. Ahora tenemos dos rangos con nombre. Compruébelo pulsando sobre el botón de flecha del cuadro de nombres y seleccionando **Inglés1**.

9. En una celda vacía escriba la fórmula: =**(el número de las celdas seleccionadas para Inglés1**, por ejemplo: **D12+D13, etc)**, pulse la tecla **Retorno** y en la siguiente celda vacía escriba =**Suma(Inglés1)**, confirmándola para comprobar la suma de los rangos.

IMPORTANTE

No sólo puede añadir o asignarle un nombre a un rango de celdas en el cuadro Nombre nuevo, también puede insertar un **Comentario** para que resulte más sencillo reconocerlo.

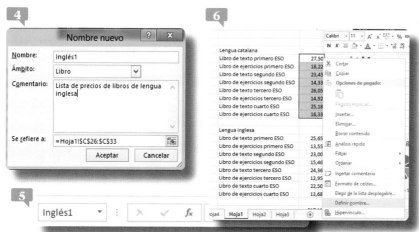

Calcular mediante funciones

ENTENDEMOS POR FUNCIONES las fórmulas predefinidas que ejecutan operaciones complejas con una sintaxis establecida. Excel ya incorpora muchas funciones automáticas, que se dividen en categorías como: matemáticas, lógicas, de texto, de fecha y hora. Una función consta del nombre, los argumentos entre paréntesis y separados por un punto y coma. Es importante destacar que los paréntesis son imprescindibles incluso en aquellas funciones que no requieren ningún argumento. En este ejercicio trabajaremos las funciones y aprenderemos su utilización.

1. Pulse sobre una celda vacía de nuestro archivo de libros, pulse sobre la pestaña **Fórmulas** y haga clic sobre el botón **Insertar función**. 🔲1

2. Se abre el cuadro de diálogo **Insertar función**. Mantenga seleccionada la función **SUMA** y pulse el botón **Aceptar**. 🔲2

3. En el cuadro de diálogo **Argumentos de función**, elimine el contenido del campo **Número1** pulsando la tecla **Suprimir** y, tras reducir el cuadro pulsando sobre el icono a la derecha de este campo, seleccione, para este ejemplo, las celdas que contienen los precios de los libros de castellano. 🔲3

4. Vuelva a ampliar el cuadro, haga clic en el campo **Número2** y escriba el nombre **Inglés1** (el rango que ha creado en el ejercicio anterior). 🔲4

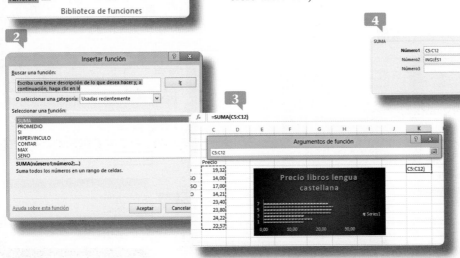

La versión 2013 de Excel ha incorporado muchas funciones nuevas en las categorías de función de matemáticas, trigonometría, estadística, ingeniería, fecha y hora, búsqueda y referencia, lógica y texto.

5. Puede introducir los argumentos que desee; de hecho, al insertar el segundo argumento se crea un tercer campo de argumento. Pulse sobre el botón **Aceptar**.

6. El valor de la suma generada se inserta en la celda seleccionada.  A continuación crearemos una fórmula que multiplique los contenidos de dos celdas. Seleccione una celda vacía, abra el cuadro de funciones pulsando sobre el icono **Insertar función**, que muestra una f y una x a la izquierda de la **Barra de fórmulas**.

7. En el cuadro **Insertar función**, despliegue el campo **O seleccionar una categoría** y seleccione la opción **Matemáticas y trigonométricas**.

8. Éstas son las funciones más utilizadas en la creación de fórmulas. Las oficinas suelen utilizarlas de modo habitual. En el campo **Seleccionar una función** elija **Producto** y pulse el botón **Aceptar**.

9. Como con la función **SUMA**, seleccione una celda para el argumento **Número1** y otra para el argumento **Número2** y pulse el botón **Aceptar**.

10. El resultado se inserta de nuevo en la celda seleccionada. Le instamos que, por motivos de espacio en este libro, consulte por su cuenta el amplio catálogo de funciones disponibles en el programa. Para terminar, pulse sobre el comando **Guardar**.

IMPORTANTE

Existe, dentro de la categoría de funciones matemáticas, una función denominada **Aleatorio**. El uso de esta función no devuelve el resultado de un cálculo, lo que realiza es la inclusión de un número al azar cada vez que se recalcula la tabla o que se pulsa la tecla **F9**.

En la versión 2013 de Excel, los resultados calculados de las fórmulas y algunas funciones de hoja de cálculo de Excel pueden diferir entre un PC de Windows con arquitectura x86 o x86-64 y un PC de Windows RT con arquitectura ARM.

PowerPoint: Insertar y duplicar diapositivas

LAS PRESENTACIONES DE POWERPOINT están compuestas por unos elementos imprescindibles para esta aplicación de la suite: las diapositivas. En este primer ejercicio nos adentraremos en la inserción y duplicado de las diapositivas para trabajar sobre ellas. Como verá, la inserción de diapositivas se lleva a cabo tanto desde la vista normal como desde la vista clasificador de diapositivas, pero nunca desde la vista presentación con diapositivas.

1. Para este ejercicio, el primero de los que tratarán la aplicación PowerPoint, le recomendamos que descargue de nuestra página web la presentación **Mis animalitos.pptx** y la almacene en su ordenador. Una vez abierto, observe que esta presentación cuenta con doce diapositivas, nueve con imágenes y tres sólo con texto. Empecemos aprendiendo a insertar diapositivas. Seleccione la primera diapositiva haciendo clic sobre ella y, en la ficha **Inicio**, despliegue el comando **Nueva diapositiva**.

2. Se despliega así un panel con los distintos diseños predeterminados de diapositiva, cada uno de los cuales ofrece distintas distribuciones de los objetos. Seleccione el diseño **Título y objetos** pulsando sobre esta opción.

3. La diapositiva se inserta a continuación de la seleccionada. Es el momento de insertar otra mediante otro procedimiento. Pulse con el botón derecho sobre la segunda diapositiva y, en el menú contextual que se despliega (donde podemos agregar, duplicar, eliminar diapositivas, etc.), pulse sobre la opción **Nueva diapositiva**.

4. De este modo creamos una diapositiva idéntica a la anterior. Aprendamos a duplicar diapositivas. Duplicar diapositivas es obtener una copia exacta de una diapositiva existente. Sitúese sobre la diapositiva del ciervo, pulse con el botón derecho del ratón y, del menú contextual, escoja la opción **Duplicar diapositiva**. ▣

5. Como en los casos anteriores, la nueva diapositiva se inserta a continuación de la anterior. ▣ Es posible duplicar más de una diapositiva a la vez. Comprobémoslo. Seleccione la diapositiva **9**, pulse la tecla **Ctrl**, y sin soltarla, seleccione la **5**.

6. De este modo seleccionamos dos diapositivas. Ambas muestran un borde de color naranja. Sitúe el ratón sobre una de las dos, despliegue el menú contextual y elija la opción **Duplicar diapositiva**.

7. Las dos nuevas diapositivas se han insertado a continuación de la segunda seleccionada. ▣ Aprendamos a eliminarlas y a ocultarlas. Al ocultarlas, la diapositiva sigue en la presentación pero no se ve. Con las diapositivas anteriormente insertadas, active la pestaña **Presentación con diapositivas** de la Cinta de opciones.

8. Seleccione la opción **Ocultar diapositiva** del grupo de herramientas **Configurar**, ▣ y una vez hayan desaparecido las diapositivas (se mostrarán sombreadas en el **Panel de diapositivas**), ▣ despliegue el menú contextual de las mismas y desactive la opción **Ocultar diapositiva**.

IMPORTANTE

PowerPoint 2013 ofrece una configuración 16:9 y nuevos temas diseñados para sacar el máximo partido a las posibilidades de la pantalla panorámica. De hecho, ahora por defecto las diapositivas se crean ya en formato panorámico. Si desea cambiar el tamaño de la diapositiva de estándar a panorámica o viceversa, pulse sobre la pestaña **Diseño** y despliegue **Tamaño de diapositiva**.

☐ Estándar (4:3)

☐ Panorámica (16:9)

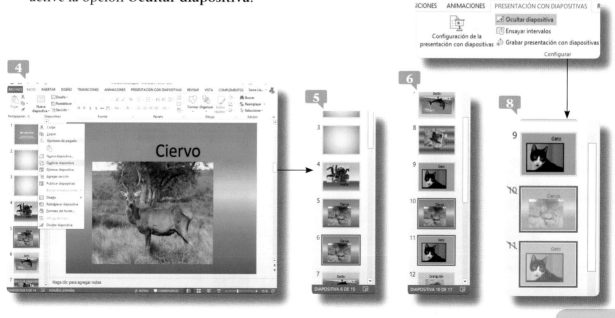

Mover y eliminar diapositivas

IMPORTANTE

Uno de los métodos más sencillos y prácticos para mover diapositivas es utilizando la técnica del arrastre. Sólo tiene que seleccionar la diapositiva en cuestión y, sin soltar el botón del ratón, desplazarla hasta donde crea que debe ser su nueva ubicación.

A LA ACCIÓN QUE SE EFECTÚA PARA redistribuir las diapositivas de las presentaciones diseñadas se denomina Mover. Es habitual que, una vez terminadas y comprobadas, las diapositivas que habíamos creado o insertado no las necesitemos y que, por tanto, debamos eliminarlas. A esta acción se la denomina Eliminar. Pues bien, en este ejercicio trataremos las acciones Mover y Eliminar diapositivas.

1. Seguiremos trabajando con el archivo **Mis animalitos.pptx**. Supongamos que la diapositiva de los periquitos debiera estar antes que la de la foca. Seleccione en el **Panel de diapositivas** la diapositiva de los periquitos, active la pestaña **Inicio** de la Cinta de opciones y seleccione la herramienta **Cortar.** 🔲

2. La diapositiva cortada desaparece y la numeración se reorganiza. Si inserta, elimina o mueve una diapositiva, la numeración se actualiza automáticamente. Seleccione la diapositiva del delfín, anterior a la de la foca, pulse sobre el comando **Pegar** del grupo de herramientas **Portapapeles** y de entre las distintas opciones de pegado, seleccione la denominada **Mantener formato del origen.** 🔲

3. De este sencillo modo hemos reorganizado las diapositivas. Como la diapositiva cortada sigue en el portapapeles de Office, PowerPoint permite mover las diapositivas entre presentaciones. Haga clic en el iniciador de cuadro de diálogo del grupo de herramientas **Portapapeles** para desplegarlo. 🔲

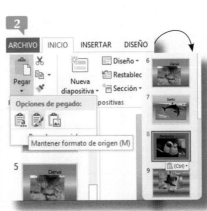

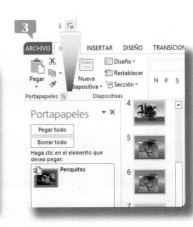

4. Efectivamente, en el panel **Portapapeles** se encuentra la diapositiva cortada. Cierre el panel, haga clic en la pestaña **Archivo** y, dentro del comando **Nuevo**, pulse sobre el elemento **Presentación en blanco**. 4

5. Aparecerá una nueva presentación en blanco. Despliegue el menú contextual sobre la única diapositiva disponible y seleccione el segundo icono de las **Opciones de pegado**. 5

6. La diapositiva se inserta en el nuevo archivo. 6 Apliquemos un nuevo método para desplazar diapositivas. Este modo es simple: arrastrándolas. Haga clic sobre la diapositiva insertada y, sin soltar el botón del ratón, arrástrela hasta situarla por encima de la primera, soltando el botón una vez comprobado la reorganización correcta de las diapositivas. 7

7. Cierre la nueva presentación sin almacenar los cambios y, en la presentación con la que hemos empezado a trabajar, seleccione una de las dos diapositivas en blanco.

8. Vamos a mostrarle cómo eliminar una diapositiva: haga clic con el botón derecho sobre dicha diapositiva y, del menú contextual, seleccione la opción **Eliminar diapositiva**. 8

9. La diapositiva seleccionada se elimina y la numeración de todas las demás diapositivas se actualiza. 9 Por último, seleccione la otra diapositiva en blanco, pulse la tecla **Suprimir** de su teclado y guarde los cambios con el botón **Guardar**.

IMPORTANTE

Dentro del comando **Nuevo** de la vista **Backstage** puede encontrar los comandos necesarios para crear presentaciones, ya sean en blanco, predeterminadas, basadas en plantillas, etc.

La nueva presentación se crea en formato panorámico; compruebe que la diapositiva pegada adquiere también el formato de diapositiva de destino.

Añadir texto y aplicar formato en diapositivas

POWERPOINT NO SÓLO ADMITE diapositivas para su configuración y buen funcionamiento. Uno de los elementos que acompañarán a las diapositivas, ya sea para explicarlas o porque es el contenido principal, es el texto. Hay distintos tipos de textos: desde los títulos o los subtítulos hasta las viñetas o el texto principal. Insertada la diapositiva nueva con el diseño predeterminado, la plantilla que usemos definirá la situación del texto mediante los denominados marcadores de posición.

1. Siguiendo con el archivo **Mis animalitos.pptx**, sitúese en la penúltima diapositiva, pulse en el cuadro del centro **1** y pulse la tecla **Suprimir** para eliminarlo.

2. Hagamos lo mismo con el cuadro de texto en el que se encuentra el nombre del animal. Ubique el ratón en la parte superior del texto, y cuando aparezca que el puntero del ratón cambia a cuatro flechas opuestas, haga clic para seleccionar el cuadro de texto y pulse la tecla **Suprimir**. **2**

3. De este modo tan sencillo tenemos la diapositiva vacía para empezar a trabajar. Apliquémosle uno de los diseños predeterminados de diapositivas que ofrece PowerPoint 2013. Con

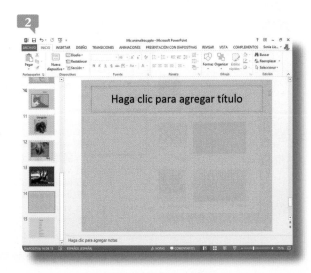

el botón derecho pulse sobre la diapositiva y seleccione el comando **Diseño**.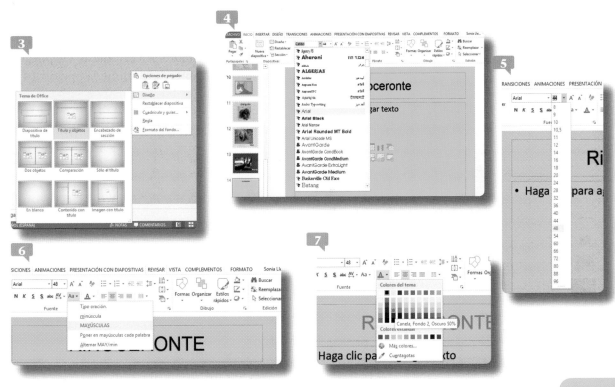

4. Aparece un panel en el que se muestran todas las plantillas de diseño predeterminadas disponibles. Aplique el segundo de la primera fila.

5. A continuación, haga clic en el campo reservado al título para activar el modo de edición del mismo, inserte el título **Rinoceronte** y haga doble clic sobre la nueva palabra para seleccionarla.

6. Modificaremos la fuente del título. En la pestaña Inicio, haga clic en el botón de punta de flecha del campo Fuente, del grupo de herramientas **Fuente**, y del panel que se despliega, seleccione el tipo de letra **Arial**.

7. También cambiaremos el tamaño y pasaremos las letras a mayúsculas. Despliegue el comando **Tamaño de fuente**, seleccione la opción **48**, despliegue el comando **Cambiar mayúsculas y minúsculas** y elija la opción **Mayúsculas**.

8. Por último, modifique el color de la fuente con un color adecuado y guarde los cambios realizados.

066

Utilizar y formatear cuadros de texto

IMPORTANTE

La **vista previa en directo** le permite visualizar el aspecto que tendrá un estilo, o un color, o una fuente, antes de aplicarlo. Sólo tiene que situar el puntero del ratón sobre uno de los estilos ofrecidos y comprobar cómo se aplica temporalmente a nuestra diapositiva.

SI ANTES HEMOS TRATADO LA INSERCIÓN de texto en las diapositivas utilizando los marcadores de posición, existen en PowerPoint otros elementos que se utilizan para el mismo fin. Agregar texto a las diapositivas se puede hacer utilizando los elementos denominados cuadros de texto.

1. En este ejercicio añadiremos un cuadro de texto. Empecemos. Haga clic sobre uno de los bordes del marcador de posición predeterminado para seleccionarlo y pulse la tecla **Suprimir**.

2. Ahora sólo contamos con el título en esta diapositiva. Para poder insertar el cuadro de texto, active la pestaña **Insertar** y pulse sobre el botón **Cuadro de texto**. 🔲

3. Si coloca el ratón sobre la diapositiva, comprobará que el puntero ha cambiado. Crearemos el cuadro de texto mediante la técnica del arrastre. Haga clic en la parte inferior derecha de la diapositiva y, sin soltar el botón del ratón, trace un cuadro con las dimensiones que desee. 🔲

4. El cuadro está preparado para que inserte en él el texto que necesite. Sin embargo, antes de hacerlo, estableceremos el formato de dicho texto. Con el cuadro seleccionado, despliegue las opciones de **Tamaño de fuente**, seleccione la opción **14**.

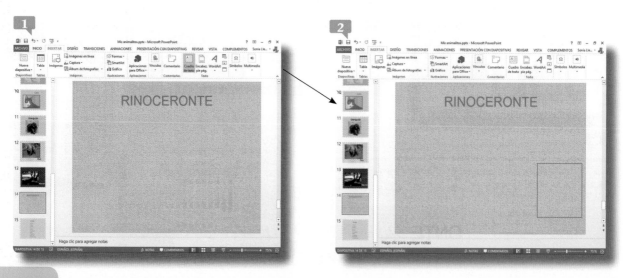

5. Al reducir el tamaño de la fuente, se reduce el tamaño del cuadro de texto automáticamente. Cambie la fuente a **Arial**, seleccione el botón de **Negrita** y, a continuación, introduzca el texto **Rinoceronte**.

6. Pulse la tecla **Retorno** y observe que se inserta una línea en blanco debajo del texto.

7. El cuadro de texto se encuentra delimitado por una serie de puntos de anclaje, los cuales permiten modificar las dimensiones del mismo mediante la técnica de arrastre. En la segunda fila escriba: **Familia de mamíferos placentarios**.

8. En el grupo de herramientas Dibujo, despliegue el comando **Contorno de forma** y pulse sobre la muestra de color negro de la paleta.

9. Así, el texto queda enmarcado por un borde negro. Despliegue de nuevo el comando **Contorno de forma**, seleccione la opción **Grosor** y, de las opciones desplegadas, escoja **3 pto**.

10. Seguidamente, con el cuadro todavía seleccionado, despliegue el comando **Relleno de forma**, situado encima del comando **Contorno de forma**, y en el panel de colores, seleccione el color que le parezca más apropiado.

11. Despliegue también el comando **Efectos de formas**, seleccione la opción **Bisel** y, dentro de los estilos existentes, elija el denominado **Redondo suave**.

12. Para terminar, pulse sobre el comando **Guardar**.

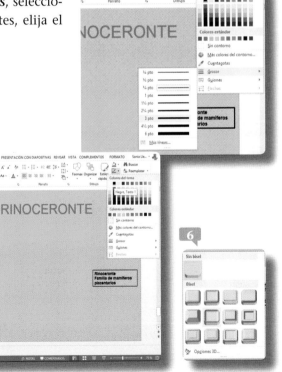

Definir interlineado y alinear texto

EN POWERPOINT EXISTEN CUATRO tipos de alineación: izquierda, derecha, centrada y justificada. Igual que con las aplicaciones anteriormente tratadas de esta suite, es decir, Word y Excel, podemos definir la posición a partir de la cual se ordenarán las líneas de texto. Al insertar una nueva diapositiva, por defecto y dependiendo del diseño aplicado, el programa utilizará la alineación centrada o la izquierda. En este ejercicio trabajaremos la modificación de los tipos de alineación e interlineado.

1. Empezaremos definiendo la alineación de la palabra **Rinoceronte** del cuadro de texto insertado en el ejercicio anterior. Seleccione dicha palabra, compruebe que está activada la pestaña **Inicio** y sitúe el ratón sobre el único comando activado del grupo de herramientas **Párrafo** para comprobar qué alineación tiene el texto seleccionado. **1**

2. Como comprobará, la alineación del texto es a la izquierda. Haga clic en el segundo de los comandos de alineación; pulse el tercero **2** y después el cuarto.

3. También podemos modificar la alineación desde el cuadro de diálogo **Párrafo**. Para activarlo, haga clic sobre el iniciador de cuadro de diálogo del grupo de herramientas **Párrafo**, **3** des-

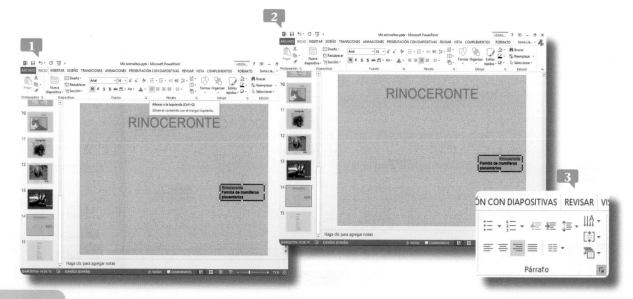

068

pliegue la pestaña **Alineación** y pulse sobre la opción **Hacia la izquierda**.

4. Cuando modifica alguna acción desde el cuadro **Párrafo** ésta no se percibe hasta cerrado el cuadro. Es por eso que suele utilizarse preferentemente el otro método para alinear el texto. Con la vista previa en directo podemos visualizar los cambios. De este modo es más complicado. Haga clic en el botón **Aceptar** para cerrar el cuadro y mostrar los cambios seleccionados.

5. El texto se alinea a la izquierda. Seleccione ahora la última diapositiva y haga clic en alguna parte del texto para comprobar cómo se ha insertado.

6. Seleccione todos los registros y pulse el comando **Centrar**.

7. Comprobará que el texto, en este caso, se ha desplazado hacia el centro del cuadro de texto o, lo que es lo mismo, a la derecha de la diapositiva según este cuadro. Pulse sobre el comando **Deshacer** de la **Barra de herramientas de acceso rápido**, despliegue el comando **Interlineado** del grupo de herramientas **Párrafo** y ubíquese con el ratón sobre la opción **1,5**.

8. Verá que, en este caso, las letras desaparecen debajo de la diapositiva. Despliegue de nuevo el comando **Interlineado** y seleccione la opción **Opciones de interlineado**.

9. En el cuadro **Párrafo** devuelva al campo **Interlineado** la opción **Simple** y pulse **Aceptar**.

IMPORTANTE

El icono ubicado junto a los de alineación en el grupo de herramientas **Párrafo** permite distribuir el texto de las diapositivas en columnas. Una vez seleccione este comando podrá elegir entre dividir el texto en dos o tres columnas o en acceder al cuadro **Columnas**.

Modificar el fondo de las diapositivas

POWERPOINT OFRECE UNA AMPLIA paleta de colores para que el usuario decida cómo desea que aparezca el fondo de sus diapositivas en la presentación: en un único color, una combinación de colores o una imagen. En este ejercicio le mostraremos los pasos a seguir para aplicar un fondo a sus diapositivas.

1. Para empezar, seleccione la diapositiva número **14**.

2. Recuerde que el fondo de una diapositiva se modifica y diseña desde el nuevo panel **Dar formato al fondo**. Como ya sabe, este panel sustituye en toda la suite Office al cuadro de diálogo del mismo nombre existente en versiones anteriores de la aplicación. Active la pestaña **Diseño** y pulse sobre el comando **Formato del fondo**.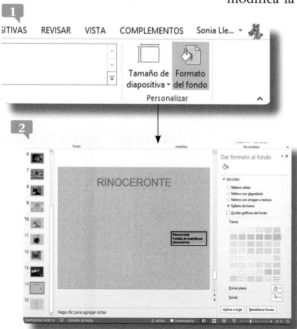

3. Se abre en la parte derecha de la pantalla el panel **Dar formato al fondo**. En él puede escoger y aplicar los colores que desee. Observe que en el panel se muestra la configuración del fondo actual. Pulse la opción **Relleno sólido**.

4. A medida que aplica los cambios, puede observar cómo se modifica la disposición de los efectos de la diapositiva. Para

modificar el color de fondo despliegue el campo **Color** y seleccione el color que usted prefiera.

5. Despliegue de nuevo el campo **Color**, seleccione la opción **Más colores** y, dentro del cuadro de diálogo **Colores**, elija uno de los colores aplicables.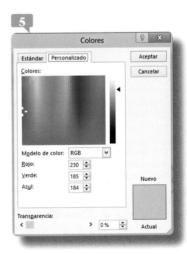

6. Salga del cuadro de diálogo pulsando sobre el botón **Aceptar**.

7. Seleccione ahora la opción **Relleno de trama** y escoja la última muestra de la quinta fila. **6**

8. Si pulsa sobre el botón **Aplicar a todo**, el fondo elegido se aplicará a todas las diapositivas, mientras que si hace clic sobre el botón **Restablecer fondo** devolverá el aspecto original a la diapositiva al mismo de antes. Para aplicar los cambios efectuados pulse el botón con forma de aspa.

9. Una vez cerrado el cuadro e insertado este fondo, **7** guarde los cambios realizados en la presentación. **8**

069

IMPORTANTE

Para modificar exclusivamente el fondo de determinadas diapositivas deberá seleccionar en el Panel de diapositivas. De otro modo, el nuevo fondo se aplica a todas las diapositivas de la presentación.

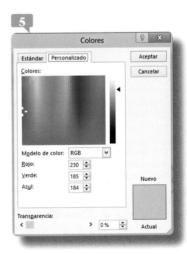

Aplicar texturas, imágenes y degradados

PARA APLICAR UN RELLENO DE color al fondo de una diapositiva, al igual que para aplicar degradados y texturas a una diapositiva, es preciso utilizar el renovado panel Dar formato al fondo. Es posible utilizar una imagen como fondo de una diapositiva. En este ejercicio probaremos distintos métodos para insertar fondos en una diapositiva, ya sea degradado de color, o una imagen como fondo de otra.

1. Para llevar a cabo este ejercicio, utilizaremos el archivo de imagen **Rinoceronte.jpg**, que puede descargar desde nuestra página web. Comencemos. Seleccionada la diapositiva número **14**, pulse sobre el comando **Formato del fondo** para abrir el panel del mismo nombre.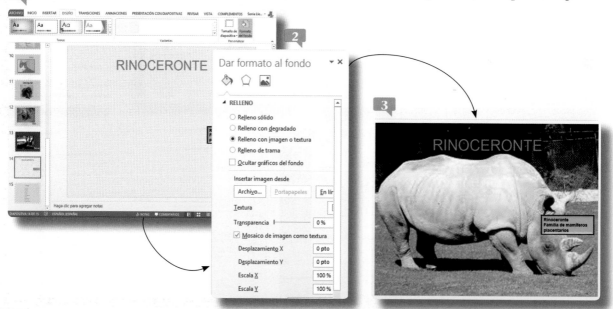

2. A continuación, en el panel **Dar formato al fondo**, seleccione la opción **Relleno con imagen o textura**.

3. Pulse sobre el botón **Archivo** y, en el cuadro **Insertar imagen**, haga doble clic sobre el archivo de imagen **Rinoceronte** y cierre el panel **Dar formato al fondo**.

4. La imagen seleccionada se inserta como fondo de la diapositiva. Insertemos ahora otra diapositiva, a la que le asignare-

070

mos una textura y un degradado como color de fondo. Active la pestaña **Inicio** y pulse sobre el icono **Nueva diapositiva**.

5. En el **Panel de diapositivas**, pulse con el botón derecho sobre esta última y, en el menú contextual, pulse sobre la opción **Formato del fondo**.

6. En el panel **Dar formato al fondo**, seleccione de nuevo la opción **Relleno con imagen o textura**.

7. Despliegue las distintas opciones del campo **Textura**, seleccione la denominada **Mármol verde**  y cierre el panel de formato.

8. Éste es un ejemplo de fondo de diapositiva con textura. Veamos cómo insertar un fondo de degradado. Pulse con el botón derecho del ratón sobre la nueva diapositiva y haga clic de nuevo sobre el comando **Formato del fondo**.

9. En el panel **Dar formato al fondo** seleccione la opción **Relleno con degradado**, despliegue el campo **Degradados preestablecidos** y elija el segundo estilo de la segunda fila.

10. Estos son los métodos más sencillos y útiles de aplicar distintos tipos de fondo, ya sean aplicando archivos, ya sea mediante texturas o mediante degradados. Concluyamos el ejercicio. Cierre otra vez el panel **Dar formato al fondo**, haga clic con el botón derecho sobre esta diapositiva número **15** y, en el menú contextual, haga clic sobre la opción **Eliminar diapositiva**.

IMPORTANTE

Seleccionando la opción **Relleno con imagen o textura** en el cuadro **Dar formato a fondo**, podemos elegir entre aplicar una de las múltiples texturas ofrecidas por PowerPoint, o bien aplicar una imagen prediseñada, o aplicar una imagen propia, almacenada.

Crear y almacenar diseños personalizados

POWERPOINT OFRECE LA POSIBILIDAD DE CREAR y almacenar diseños de diapositivas, es decir, en vez de utilizar las predeterminadas, el usuario podrá gestionar y crear el diseño de sus propias diapositivas para utilizarlos siempre que sea necesario. Aun así, en el grupo de herramientas Temas de la ficha Diseño, encontramos una amplia variedad de diseños de diapositivas cuyos elementos se pueden modificar con ayuda de las herramientas de ese grupo. En este ejercicio le mostraremos el proceso a seguir si desea crear un diseño de diapositiva personalizado, basado en uno de los temas ofrecidos por PowerPoint 2013.

1. Seleccione la diapositiva número **1**, pulse en la pestaña **Diseño** y haga clic en el botón **Más** del grupo de herramientas **Temas**.

2. Seguidamente, pulse con el botón derecho del ratón sobre el cuarto tema de la segunda fila del grupo **Office** y, en el menú contextual, elija la opción **Aplicar a las diapositivas seleccionadas.**

3. Continuemos modificando el aspecto de este tema para, posteriormente, aplicárselo a todas las diapositivas de la presentación. Pulse sobre el botón **Más** del grupo de herramientas **Variantes**, haga clic en el comando **Colores**, y de las combinaciones de colores, elija el denominado **Rojo-Naranja.**

4. Modificaremos también las fuentes del tema. Despliegue de nuevo el botón **Más** del grupo de herramientas **Variantes**,

Si pulsa directamente sobre el diseño elegido, éste se aplicará a todas las diapositivas de la presentación.

El grupo de herramientas **Variantes** es una novedad en esta versión del programa.

pulse sobre el comando **Fuentes** y seleccione la combinación que más le guste para aplicarla.

5. Cuando apliquemos este mismo tema a otras diapositivas, se aplicará también la fuente. Comprobémoslo. En el grupo de herramientas Temas, pulse con el botón derecho del ratón sobre el tema que hemos estado modificando y, del menú contextual, elija la opción **Aplicar a todas las diapositivas**. 3

6. Observe como se ha actualizado la presentación completa con el nuevo tema. Seguidamente, guardaremos el diseño personalizado para poder utilizado sobre otras presentaciones. Despliegue el comando **Más** del grupo de herramientas **Temas** y seleccione la opción **Guardar tema actual**. 4

7. Los temas se almacenan en una carpeta de plantillas de temas predeterminada. Mantenga el nombre propuesto por el programa y pulse sobre el botón **Guardar**. 5

8. El diseño personalizado se almacena en la biblioteca de temas y está listo para ser usado en cualquier momento. Compruébelo. Entre en la vista **Backstage** y, en el comando **Nuevo**, pulse sobre el elemento **Presentación en blanco**.

9. Con la presentación en blanco abierta, active la ficha **Diseño** y despliegue el botón **Más** de la galería de temas.

10. Compruebe que ahora aparece una nueva sección, denominada **Personalizados**, en la que se encuentra el tema que acabamos de diseñar. 6 Aplíquelo pulsando sobre él y, para terminar, cierre la nueva presentación sin guardar los cambios.

071

IMPORTANTE

Puede predeterminar la aplicación de un tema. Para ello, utilice la opción **Establecer como tema predeterminado**.

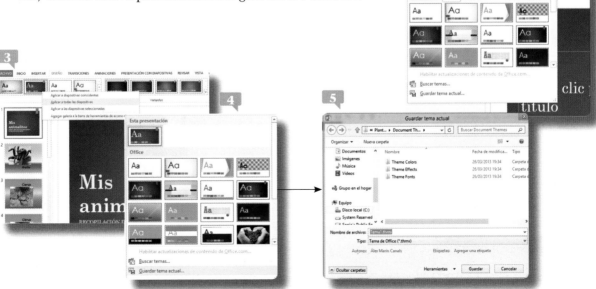

Añadir el número de diapositiva

SI ANTES HEMOS VISTO EL MÉTODO para insertarle números a las páginas de los documentos Word, en esta ocasión aprenderemos a agregarle número a las diapositivas. Esto puede ser importante y aun imprescindible en presentaciones largas y con muchas diapositivas. En este ejercicio trabajaremos la inserción de números de diapositiva de los dos modos posibles: como pie de página y como parte del texto en las diapositivas.

1. Además de añadir el número de las diapositivas, indicaremos que el número insertado aparecerá a partir de la segunda diapositiva. Seleccione la ficha **Insertar** y haga clic sobre la herramienta **Encabezado y pie de página**.

2. En el cuadro de diálogo **Encabezado y pie de página** podemos elegir entre distintos elementos que se pueden insertar tanto en el encabezado como en el pie de página: fecha y hora, notas a pie de página y número de diapositiva. Haga clic en la casilla de verificación de la opción **Número de diapositiva**.

3. Observe que en la vista previa se muestran los elementos que se encuentran activados para incluir en la diapositiva. El elemento central corresponde al pie de página. Seleccione la opción **No mostrar en diapositiva de título** y pulse sobre el botón **Aplicar a todo**.

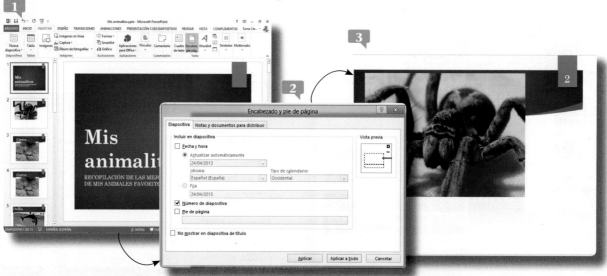

072

4. Según el tema aplicado a la presentación, el número de la diapositiva se mostrará en una posición o en otra. [3] Compruebe también que la diapositiva número **1** no muestra este elemento, tal y como hemos indicado. [4] El número de diapositiva puede modificarse como si se tratara de cualquier texto. Veamos cómo. Sitúese, por ejemplo en la diapositiva 3 y, en ella, haga clic sobre el marcador de número de página. [5]

5. Vea que el número aparece delimitado por un cuadro de texto. Directamente con los tiradores podemos ampliar o reducir el tamaño del texto. Sin embargo lo que haremos será aplicarle un nuevo color y algún efecto. Seleccione el contenido del cuadro de texto, es decir, el número de página. En la pestaña **Inicio**, despliegue el comando **Color de fuente** y elija, por ejemplo, un color gris oscuro.

6. A continuación, pulse en la ficha contextual **Formato**, despliegue el comando **Efecto de forma**, seleccione el efecto **Sombra** y elija en este caso el primer diseño de la primera columna de la sección **Exterior**. [6]

7. Así podemos ir modificando cualquier otro aspecto de formato para el número de diapositiva. Para copiar este formato en el resto de diapositivas, vuelva a la pestaña **Inicio** y, en el grupo de herramientas **Portapapeles**, haga clic sobre el comando **Copiar formato**, que muestra la imagen de una brocha. [7]

8. Vaya seleccionando cada número de diapositiva y copiándolo para pegar el formato.

IMPORTANTE

Puede gestionar los elementos notas y otros documentos para distribuir en el encabezado y Pie de página desde el cuadro **Encabezado y pie de página**.

Añadir objetos

IMPORTANTE

Cuando active la opción **Vínculo** del cuadro **Insertar objeto**, la aplicación insertará en la diapositiva una imagen del contenido del archivo que seleccione. Los cambios que produzca en el archivo se reflejarán en la presentación.

PODEMOS INSERTAR OBJETOS EN LAS DIAPOSITIVAS de modo que queden vinculados a su original, modificándose en el momento que se modifica el archivo original. Algunos ejemplos de objetos son bitmaps, gráficos y hojas de cálculo de Excel, documentos PDF, etc. No sólo es posible insertar el objeto en cuestión, sino que también es posible mostrarlo como icono.

1. Para este ejercicio utilizaremos el archivo de texto **Frases famosas.docx**, con el cual ya trabajamos al inicio de este libro. En nuestra presentación de animales, y con la diapositiva **14** seleccionada, sitúese en la pestaña **Insertar** y pulse sobre el comando **Objeto**, el último del grupo de herramientas **Texto**. 🔳

2. En el cuadro de diálogo **Insertar objeto**, seleccione la casilla de verificación **Crear desde archivo**. 🔳

3. Seguidamente, pulse sobre el botón **Examinar**, localice en el cuadro del mismo nombre el documento **Frases famosas** y pulse sobre el botón **Aceptar**.

4. En el campo **Archivo** puede ver la ruta del documento seleccionado. 🔳 Pulse sobre el botón **Aceptar** para insertarlo en nuestra diapositiva.

Si al aceptar el cuadro Insertar objeto se abre Word y solicita la contraseña para poder abrir el archivo en cuestión, recuerde que debe escribir el valor <u>1234</u>, tal y como especificamos en una lección anterior.

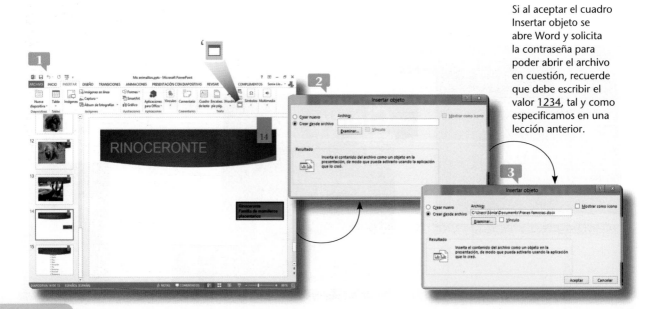

5. El contenido del documento de Word se ha insertado en el centro de la diapositiva dentro de un cuadro de texto. Vamos a modificar su posición. Haga clic sobre el borde del cuadro de texto y, sin soltar el botón del ratón, arrástrelo hasta situarlo en la parte inferior derecha de la diapositiva. 🔲

6. Veamos ahora cómo modificar el contenido del objeto incrustado. Haga clic sobre el cuadro de texto con el botón derecho del ratón, pulse sobre la opción **Objeto de documento** y, de las distintas opciones, seleccione la denominada **Editar**.

7. Observe como la interfaz del programa se convierte en algunos aspectos en Word. 🔲 Seleccione todo el texto, aplíquele la fuente **Verdana**, pulse sobre el comando **Cursiva**.

8. Despliegue el campo **Color de fuente** y elija el color estándar **Púrpura**. 🔲

9. Para restablecer el área de trabajo y fijar los cambios, pulse con el ratón sobre cualquier parte de la superficie del área de trabajo.

10. Finalicemos el ejercicio. Despliegue el menú contextual sobre el objeto insertado y seleccione la opción **Formato de objeto**.

11. Dentro del nuevo panel **Formato de objeto**, marque la opción **Relleno sólido**, cierre el panel y guarde los cambios realizados.

073

Dibujar formas

LAS AUTOFORMAS SON DIBUJOS SENCILLOS que se trazan eligiendo la herramienta adecuada en la ficha Insertar, en el grupo de herramientas Ilustraciones, o bien en el grupo de herramientas Dibujo, ubicado en la ficha Inicio. Puede, asimismo, utilizar la técnica de arrastre, o trazar la forma con las dimensiones deseadas en el área de trabajo. En este ejercicio aprenderemos a crear figuras básicas en PowerPoint.

1. Empecemos este ejercicio. Seleccione la diapositiva **8**, active la ficha **Insertar** de la **Cinta de opciones** y despliegue el comando **Formas**, en el grupo de herramientas **Ilustraciones**. **1**

2. Se despliega un panel de formas. En la sección **Formas usadas recientemente**, haga clic sobre la forma de estrella. **2**

3. Las formas se pueden dibujar mediante la técnica del arrastre y proporcionarles el tamaño deseado, o bien pueden insertarse mediante un solo clic de manera que tendrán un tamaño predeterminado. Haga clic en una zona libre de la diapositiva. **3**

4. Aparece una estrella rodeada por un cuadro delimitador y unos puntos de encaje que nos permitirán modificar el tamaño de la forma. Haga clic el ratón sobre uno de los vértices y,

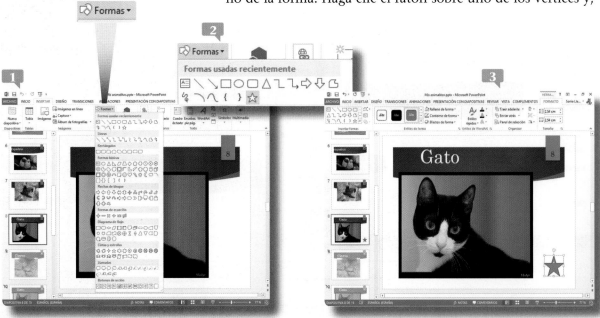

manteniendo pulsada la tecla **Mayúsculas**, arrastre el ratón en diagonal para aumentar el tamaño de la estrella.

5. También puede cambiar el tamaño de las formas de una manera más precisa insertando los valores oportunos en los dos campos del grupo de herramientas **Tamaño**, incluido en la ficha **Formato** de la pestaña contextual **Herramientas de dibujo**. Proseguiremos modificando el estilo y el formato de la forma insertada. Despliegue el comando **Más** del grupo **Estilos de forma** y seleccione la última opción de la última fila.

6. Despliegue ahora el comando **Contorno de forma** de este mismo grupo, seleccione la opción **Negro** y compruebe cómo ha cambiado la forma insertada.

7. Utilizaremos ahora un efecto que mejore nuestra forma insertada. Despliegue el comando **Efectos de texto**, seleccione la opción **Bisel** y elija la segunda opción, denominada **Bajorrelieve medio**.

8. Por último, giraremos nuestra forma insertada unos noventa grados para darle un toque innovador. En el grupo de herramientas **Organizar**, despliegue el comando **Girar objetos** y seleccione la opción **Girar 90º** a **la izquierda**.

9. Guarde los cambios producidos a lo largo de este ejercicio pulsando sobre el comando **Guardar** de la **Barra de herramientas de acceso rápido**.

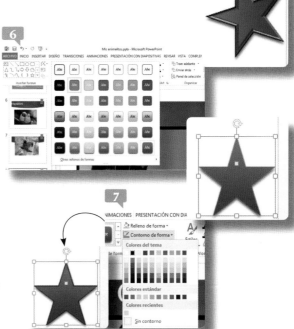

Tenga en cuenta que, aunque la forma se inserta con el color de relleno del tema aplicado, este color puede modificarse posteriormente desde el comando **Relleno de forma**.

Trazar líneas y flechas

OTROS DE LOS ELEMENTOS INSERTABLES en un PowerPoint son las líneas y las flechas. De su aplicación en una presentación tratará este ejercicio.

1. Sitúese en la diapositiva número **5**, denominada **Delfín**, y, dentro del grupo **Ilustraciones** de la pestaña **Insertar**, despliegue el comando **Formas**.

2. En la sección **Líneas** se encuentran los tipos de líneas que podemos dibujar en PowerPoint. Para trazar líneas, del mismo modo que para trazar cualquier tipo de forma, podemos usar la técnica del arrastre, o bien pulsar en el punto donde deseamos insertar la línea. En el primer caso podremos trabajar a nuestro antojo, mientras que en el segundo la línea se trazará con las dimensiones preestablecidas. Pulse sobre el segundo de los modelos de línea, denominado **Flecha**, compruebe que el cursor ha cambiado y haga clic sobre el punto en que desee insertar la línea.

3. La flecha se inserta con las medidas predeterminadas de PowerPoint. Aprenderemos ahora a modificar su ubicación y el tamaño predeterminados. Aunque hemos mencionado la técnica del arrastre, lo haremos de otro modo. Con la flecha

seleccionada,en la ficha contextual **Formato**, pulse sobre el iniciador de cuadro de cuadro de diálogo del grupo **Tamaño**.

4. De esta forma se abre el renovado panel **Formato de forma** con la categoría **Tamaño** activa. Inserte en el campo **Alto** el valor **1 cm** y en el campo **Ancho**, el valor **6,7 cm**.

5. Los cambios se van materializando sobre la forma seleccionada a medida que los va estableciendo. Seguidamente, muestre la sección **Posición** y agregue **2 cm** a los valores de las posiciones horizontal y vertical.

6. Mediante la modificación de estas posiciones hemos desplazado la línea. Ahora le mostraremos cómo aumentar la anchura y el tipo de guión. Haga clic sobre el icono que muestra un cubo de pintura para acceder a la categoría **Relleno y línea**, muestre el contenido de la sección **Línea**.

7. Inserte en el campo **Ancho** el valor **5** para aumentar la anchura de la línea, despliegue el campo **Tipo de guión** y seleccione la última opción, **Guión, punto, punto**.

8. Desde esta misma sección puede cambiar el color de la línea. Marque la opción **Línea con degradado**, despliegue el campo **Degradados preestablecidos** y elija la opción que más le guste.

9. Por último, active la categoría **Efectos**, la segunda del panel, y aplique a la línea alguno de los formatos tridimensionales disponibles.

075

IMPORTANTE

Puede modificar el tamaño de una forma insertando nuevos valores en los controles del grupo **Tamaño**, usando la técnica del arrastre o accediendo a la categoría **Tamaño** del cuadro **Formato de forma**.

Insertar una imagen

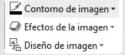
INSERTAR IMÁGENES EN UNA PRESENTACIÓN es un proceso sencillo que se lleva a cabo desde la ficha Insertar de la Cinta de opciones. Las imágenes insertadas desde un archivo se pegan en la diapositiva, de modo que la información contenida pasa a formar parte de la presentación.

1. Recuperaremos para este ejercicio la imagen **Rinoceronte**, que habíamos utilizado como fondo provisional en una de nuestras diapositivas. Si todavía no dispone de ella, descárguela desde nuestra página web y guárdela en su equipo. Veamos como insertar esta imagen en su correspondiente diapositiva, en este caso, la 14. Seleccione esta diapositiva, haga clic sobre la pestaña **Insertar** y pulse sobre el comando **Imágenes** del grupo de herramientas del mismo nombre. 🔲

2. Se abrirá el cuadro de diálogo **Insertar imagen**. Localice en ella el archivo **Rinoceronte.jpeg**, selecciónelo y despliegue el comando **Insertar**. 🔲

3. Observará que hay tres opciones disponibles: **Insertar**, **Vincular al archivo** e **Insertar y vincular**. Lógicamente, para insertar una imagen, sólo tenemos que utilizar la opción **Insertar**.

076

En este caso, en cambio, la vincularemos para que los cambios que realicemos en el archivo de origen (esto es, **Rinoceronte**), se aplicarán automáticamente en la imagen insertada en la diapositiva. Pulse sobre el comando **Insertar y vincular**.

4. La imagen se inserta en el centro de la diapositiva, y se activa la subpestaña **Formato** de la ficha contextual **Herramientas de imagen**.  En el grupo de herramientas **Tamaño**, modifique la altura de la imagen en **11,35 cm** y compruebe como la anchura se modifica proporcionalmente.

5. El cambio de dimensiones ha ocultado los elementos de texto de la diapositiva. Mediante la técnica de arrastre, desplace la imagen a la parte izquierda.

6. Si la imagen continúa tapando parte del texto, haga clic sobre el comando **Enviar atrás** del grupo de herramientas **Organizar**.

7. Ahora, despliegue la galería de estilos de imagen y elija uno de los estilos disponibles.

8. El comando **Correcciones** contiene distintas opciones para modificar, por ejemplo, la nitidez, el brillo y el contraste de la imagen. Termine este ejercicio guardando los cambios realizados.

Insertar y editar vídeos

POWERPOINT OFRECE LA POSIBILIDAD de insertar vídeos, y no sólo eso, también es capaz de asimilar conceptos de edición tan profesionales como la sincronización de texto, vídeo e imágenes. El programa permite aplicar sombras, bordes, reflejos, bordes suaves, giros 3D y efectos de diseño a los vídeos que harán de estos algo sofisticado.

1. Antes de empezar, le recomendamos que descargue de nuestra página web el archivo **Maromi.wmv** y lo almacene en su equipo. Una vez hecho esto, sitúese en la diapositiva número **8**, haga clic con el botón derecho sobre ella y elija la opción **Nueva diapositiva**.

2. Seguidamente, active la pestaña **Insertar,** despliegue el grupo de herramientas **Multimedia** y pulse sobre el comando **Vídeo.**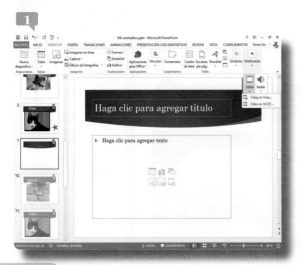

3. En esta versión del programa, las opciones de este comando se han reducido a dos: **Vídeo en línea** y **Vídeo en Mi PC**. Con la primera opción podemos buscar e insertar un vídeo colgado en la red y con la segunda podemos localizar y seleccionar un archivo que tengamos almacenado en nuestro equipo. Nosotros le mostraremos cómo insertar un video almacenado. Si bien es cierto que podemos insertar o gestionar la inclusión de vídeos desde este comando, le mostraremos cómo hacerlo de manera intuitiva y sencilla. Haga clic sobre la diapositiva

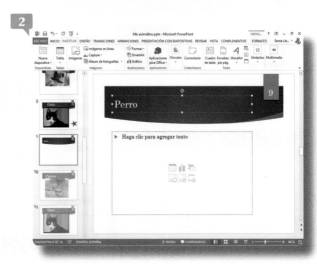

en el cuadro de texto destinado al título y escriba la palabra **Perro**.

4. En la sección central de la nueva diapositiva aparecen seis iconos. Seleccione el último, denominado **Insertar vídeo**.

5. Aparece el renovado cuadro **Insertar vídeo**, desde el cual usted decide el origen del vídeo que desea insertar, pudiendo elegir entre su equipo, una búsqueda por palabra clave, su espacio de almacenamiento en la nube, desde un código web o, incluso, desde Facebook. En este caso, pulse el vínculo **Examinar**.

6. En el cuadro Insertar vídeo, localice y seleccione el archivo **Maromi** y pulse el botón **Insertar**.

7. De este modo tan sencillo insertamos un vídeo en nuestra presentación y se activa la pestaña contextual Herramientas de vídeo. Active la ficha **Reproducción**, observe las distintas opciones, y aplique a las dos denominadas **Fundido** cuatro pulsaciones para que dure un segundo el **fundido de entrada** y **de salida**.

8. Desde esta misma ficha, puede recortar el vídeo mediante el comando **Recortar vídeo**, puede seleccionar cómo quiere que se reproduzca, qué hacer en el momento de reproducirse o cuando no se tiene la diapositiva seleccionada. Además, puede añadir y quitar marcadores. Haga clic sobre el comando **Reproducir** del grupo de herramientas **Vista previa**, y una vez visualizado el vídeo, elimine su selección y guarde los cambios realizados.

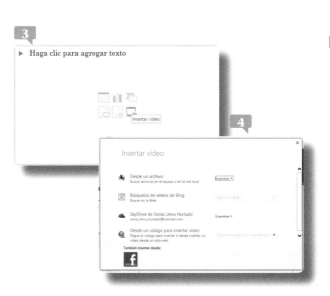

Añadir botones de acción e hipervínculos

LOS BOTONES DE ACCIÓN PUEDEN insertarse en una presentación y definirlos como hipervínculos. Se utilizan para presentaciones autoejecutables. Cuando la presentación está destinada a ser expuesta al público, gracias a estos botones, puede moverse de forma libre de una diapositiva a otra. En este ejercicio aprenderemos a insertar botones de acción en una presentación.

1. Nuestro objetivo será incorporar en la última diapositiva de nuestra presentación un botón que nos lleve otra vez al inicio de la misma. Lo primero que debemos hacer es crear físicamente el botón. Para empezar, sitúese en la última diapositiva de nuestra presentación, active la pestaña **Insertar** y despliegue el comando **Formas** del grupo de herramientas **Ilustraciones.** ▊1

2. En la sección **Botones de acción** del desplegable, pulse sobre el quinto icono, representado por una casa. ▊2

3. Seguidamente, haga clic en la esquina inferior derecha de la diapositiva para dibujar en ese sitio la forma seleccionada. ▊3

4. De forma automática, se abre el cuadro **Configuración de la acción**. Por defecto, y como puede comprobar, el botón insertado se vincula con la primera diapositiva, como muestra el campo **Hipervínculo a**. Marque la casilla **Reproducir sonido**, despliegue el campo siguiente y elija en este caso el sonido **Aplauso.** ▊4

1

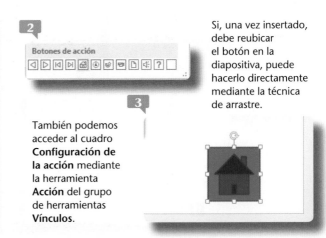

2

Si, una vez insertado, debe reubicar el botón en la diapositiva, puede hacerlo directamente mediante la técnica de arrastre.

3

También podemos acceder al cuadro **Configuración de la acción** mediante la herramienta **Acción** del grupo de herramientas **Vínculos**.

5. Pulse sobre el botón **Aceptar** del cuadro de configuración.

6. Para comprobar si el botón funciona correctamente debemos situarnos en el modo de presentación de las diapositivas. Active la pestaña **Presentación con diapositivas** y seleccione la opción **Desde la diapositiva actual**, ubicada dentro del grupo de herramientas **Iniciar presentación con diapositivas**. 🔲

7. La presentación se muestra a pantalla completa. 🔲 Pulse sobre el botón de acción y compruebe cómo, efectivamente, regresamos a la primera diapositiva.

8. También puede insertar un hipervínculo a una página web. Veámoslo. Salga de la presentación pulsando la tecla **Escape** y sitúese en la diapositiva **2**.

9. En la pestaña **Insertar**, despliegue el campo **Formas**, seleccione la primera de la sección **Cintas y estrellas** 🔲 y trace la forma en una zona libre de la diapositiva.

10. A continuación, active de nuevo la pestaña **Insertar**, despliegue el campo **Vínculos**, pulse sobre el comando **Hipervínculo** 🔲 y, en el campo **Dirección** del cuadro **Insertar hipervínculo**, escriba la dirección **http://es.wikipedia.org/wiki/Araneae#Ara.C3.B1as_verdaderas** y pulse el botón **Aceptar**.

11. Sólo nos queda comprobar si el hipervínculo funciona. Active la pestaña **Presentación con diapositivas**, pulse sobre la opción **Desde la diapositiva actual** y haga clic sobre el botón creado 🔲 para que aparezca la página del hipervínculo.

078

IMPORTANTE

Puede quitar un hipervínculo seleccionando el elemento de origen, accediendo al cuadro **Insertar hipervínculo** y usando el comando **Quitar vínculo** almacenado en él.

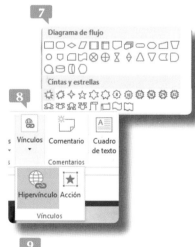

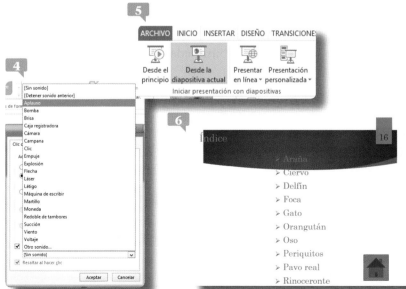

Al situar el puntero del ratón sobre el objeto con hipervínculo aparece en una etiqueta emergente el destino del mismo.

Añadir sonidos a la presentación

DE ENTRE TODAS LAS FUNCIONALIDADES y procesos de inserción de elementos que admite PowerPoint, no podíamos olvidarnos del sonido. En una presentación en PowerPoint podemos tratar el sonido de dos modos: o bien insertando efectos sonoros que pueden aplicarse en la transición de diapositivas o los archivos de sonido que se insertan en una diapositiva para que se reproduzcan en el momento de visualizarse la diapositiva, o bien cuando se indique.

1. Comencemos con este sencillo ejercicio. Active la ficha **Insertar** de la **Cinta de opciones**.

2. Recuerde que tanto el sonido como las películas son considerados clips multimedia. En esta presentación haremos que el sonido se reproduzca cuando comience la presentación. Por tanto, pulse sobre la diapositiva número **1** en el **Panel de diapositivas**.

3. Despliegue el grupo de herramientas **Multimedia**, despliegue también el comando **Audio** y haga clic sobre la opción **Audio en línea**.

4. Se abre la ventana Insertar audio, renovada y simplificada en esta versión del programa, en el cual sencillamente debe escribir una palabra clave a partir de la cual se lleve a cabo la búsqueda. Escriba para este ejemplo el término **Música** y pulse Retorno para efectuar la búsqueda.

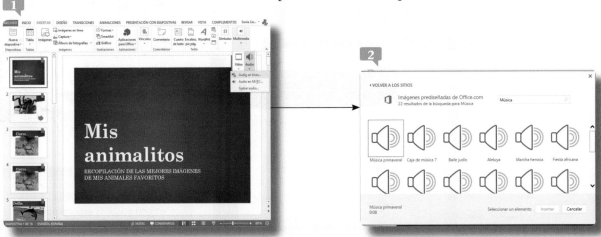

5. Elija el audio que usted desee y selecciónelo.

6. En la parte inferior izquierda de la ventana puede ver, además del título del audio, su duración. Pulse el botón **Insertar** para insertarlo en nuestra presentación. 3

7. El icono que representa el archivo de sonido se inserta en el centro de la diapositiva, como si fuera un objeto. Pulse sobre él y desplácelo, mediante la técnica de arrastre, hasta una zona libre de la diapositiva. 4

8. En la ficha contextual **Reproducció**n, despliegue el grupo de herramientas Opciones de audio, haga lo mismo con el comando **Iniciar** y seleccione **Automáticamente**. 5

9. Desde el comando **Volumen** puede definir las opciones relacionadas con esta característica. Active la ficha de verificación **Ocultar durante la presentación** para que el icono que representa el sonido quede oculto. 6

10. Sólo nos queda comprobar si los cambios realizados funcionan o sirven. Active la ficha **Presentación con diapositivas**, pulse sobre el comando **Desde el principio** del grupo de herramientas **Iniciar presentación con diapositivas**.

11. Observe y escuche que además de reproducirse las diapositivas se oye la música insertada en este ejercicio. Pulse la tecla **Escape** para salir de la presentación y guarde los progresos con el comando **Guardar**.

079

IMPORTANTE

Además de la inserción de sonidos desde la galería de sonidos multimedia, puede insertar o reproducir pistas de un CD, por ejemplo, o grabar sonidos propios para añadirlos en la presentación. A este respecto, PowerPoint admite multitud de acciones similares.

Reproducir música en segundo plano

POWERPOINT INTRODUCE EN SU VERSIÓN 2013 una nueva función que permite reproducir música de fondo en segundo plano durante toda la presentación de diapositivas. El programa permite utilizar un archivo de audio almacenado en su equipo, así como canciones de Internet, en cuyo caso es recomendable descargar dicho tema y guardarlo en el disco duro del ordenador.

1. En este sencillo ejercicio le mostraremos cómo agregar un archivo de sonido a nuestra presentación para que se reproduzca en un segundo plano mientras los espectadores la visualizan. Empezaremos eliminando el audio insertado en el ejercicio anterior para evitar interferencias. Para ello, sencillamente selecciónelo con un clic de ratón y pulse la tecla **Suprimir**.

2. Ahora sí, ya podemos empezar con el proceso. Active la pestaña **Insertar** y despliegue el grupo de herramientas **Multimedia**. 🔳

3. Haga clic sobre el comando **Audio** y elija en este caso la opción **Audio en Mi PC**. 🔳

4. Se abre de esta forma el cuadro de diálogo **Insertar audio**, en el cual debemos localizar el archivo que deseamos utilizar. Hágalo, selecciónelo y pulse el botón **Insertar**. 🔳

5. El resultado es idéntico al que vimos en el ejercicio anterior, es decir, se inserta el icono del sonido y el reproductor del programa. 🔳 Despliegue el comando **Opciones de audio** y

Si usted dispone de un micrófono debidamente instalado y configurado en su equipo, puede utilizar la opción **Grabar audio** para realizar una narración del contenido de la presentación.

marque la opción **Ocultar durante presentación**; seguidamente, despliegue el campo **Iniciar** y elija esta vez la opción **Automáticamente**.

6. La nueva función que proporciona PowerPoint 2013 es **Reproducir en el fondo**, y es la que nos permitirá que el tema elegido se reproduzca en un segundo plano durante toda la presentación. Pulse sobre este comando para activarlo.

7. Para comprobar el resultado, sitúese en la pestaña **Presentación con diapositivas** y pulse sobre el comando **Desde el principio** en el grupo de herramientas **Iniciar presentación con diapositivas**.

8. Al insertar imágenes y archivos de audio y vídeo en una presentación, ésta puede aumentar su tamaño considerablemente. Por esta razón, queremos mostrarle cómo comprimir los archivos de audio utilizados. Pulse en la pestaña **Archivo** y, en el comando **Información**, haga clic sobre el comando **Comprimir medios**.

9. PowerPoint proporciona tres tipos de compresión según la calidad elegida: de presentación, de Internet y baja. Debajo de cada una de ellas se muestra una descripción de la misma. Elija que la que se adecue a sus necesidades y la compresión empezará automáticamente.

10. Una vez terminado el proceso, pulse el botón **Cerrar** y vuelva a la presentación pulsando sobre la pestaña **Inicio**.

> ### IMPORTANTE
>
> Aunque un archivo de audio o vídeo tenga una de las extensiones de archivo mencionadas, es posible que no se reproduzca correctamente si no está instalada la versión adecuada del códec o si el archivo no está programado con un formato que su versión de Windows reconoce.

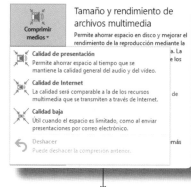

Si pulsa el comando **Reproducir** del grupo de herramientas **Vista previa** se reproducirá sólo el tema elegido, no toda la presentación.

Añadir transiciones entre diapositivas

UNA TRANSICIÓN ENTRE DIAPOSITIVAS en PowerPoint es el paso de una diapositiva a otra en la vista Presentación mediante los efectos de animación aplicados por el usuario. Además de incluir sonidos, podemos definir el tiempo que producen las diferentes velocidades. En este ejercicio aprenderemos a aplicar un efecto de transición a las diapositivas de una presentación.

1. Como tenemos seleccionada la primera diapositiva, le mostraremos cómo aplicar efectos de transición a esta diapositiva para comprobar el modo en el que entra en pantalla. Active la ficha **Transiciones** de la **Cinta de opciones**. 🔲

2. Observe que PowerPoint le ofrece una gran variedad de efectos de transición entre diapositivas. Tiene, asimismo, la posibilidad de configurar personalmente cada efecto. Para empezar, apliquémosle una de las transiciones predeterminadas. Despliegue el panel de **Transición a esta diapositiva** con el botón **Más**.

3. Una amplia gama de efectos se despliega en este panel, organizados por categorías. Seleccione el efecto **Flash**. 🔲

4. Para comprobar el efecto elegido sobre la diapositiva, haga clic sobre el comando **Vista previa**.

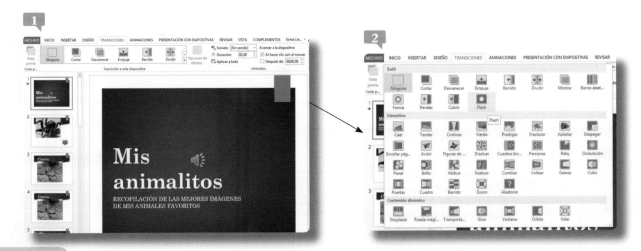

5. Sitúese en la segunda diapositiva, aplique la **Transición Desvanecer**, despliegue el comando **Opciones de efectos** y seleccione la segunda opción, **En negro**.

6. Aplicaremos ahora un efecto de transición al resto de las diapositivas a la vez. Seleccione la diapositiva número **3** en el **Panel de diapositivas**, mantenga presionada la tecla **Mayúsculas** y haga clic sobre la penúltima diapositiva.

7. Despliegue nuevamente el **Panel de transiciones** pulsando sobre el botón **Más** y seleccione el efecto **Destruir**, dentro de la sección **Llamativos**.

8. Aplicaremos un efecto distinto a la última diapositiva. Para ello, selecciónela, despliegue nuevamente el Panel pulsando sobre el botón **Más** y elija en este caso el efecto **Volar** de la sección **Contenido dinámico**.

9. Como hemos llegado al final de las diapositivas, parece justo que le apliquemos algún sonido para hacer nuestra presentación más atractiva. Despliegue el campo **Sonido** del grupo de herramientas **Intervalos** y seleccione la opción **Aplauso**.

10. Por último, y para que se reproduzca la diapositiva sin la necesidad de hacer un clic cada vez, seleccione todas las diapositivas, desmarque la opción **Al hacer clic con el mouse** del grupo de herramientas **Intervalos** y aumente a **2** segundos el campo **Después de**.

11. Por último, entre en la pestaña **Presentación con diapositivas**, seleccione la opción **Desde el principio**, contemple cómo le ha quedado la presentación y una vez la haya visto, guarde los cambios realizados.

IMPORTANTE

Puede modificar la duración de una transición, sus efectos, seleccionar o añadir un sonido que se reproduzca durante la transición. Puede especificar cuánto tiempo quedará fija una diapositiva antes de avanzar. Puede añadir y modificar imágenes y videos. Todo de manera sencilla y muy intuitiva, desde los comandos ubicados en la **Cinta de opciones**.

Realizar pruebas de temporización

PODEMOS APLICARLE A LOS EFECTOS de transición intervalos de tiempo entre diapositivas. La aplicación de un lapso de tiempo diferente entre cada diapositiva es algo normal y lógico dependiendo de la importancia, de la letra, o de la incidencia que quiera el usuario darle, u otorgarle. Por tanto, en este ejercicio aprenderemos a modificar el intervalo de tiempo entre diapositivas utilizando las pruebas de temporización.

1. Para empezar, comprobaremos que el tiempo que se sucede entre todas las diapositivas de esta presentación está establecido en **2** segundos. Para hacerlo, active la pestaña **Vista** y haga clic en el comando **Clasificador de diapositivas**.

2. En esta vista podemos ver los atributos de las diapositivas. Es decir, podemos ver que les hemos aplicado efectos (por la imagen de la estrella) y cuánto tiempo se sucederá entre una diapositiva y la otra (en este caso 2 segundos). Active la pestaña **Presentación con diapositivas** y pulse sobre el comando **Configuración de la presentación con diapositivas** del grupo de herramientas **Configurar**.

3. En el cuadro **Configurar presentación** podemos modificar el tipo de presentación, las opciones de presentación, y el modo en que se muestran o avanzan las diapositivas, así como su resolución. En la sección **Mostrar diapositivas**, active la opción

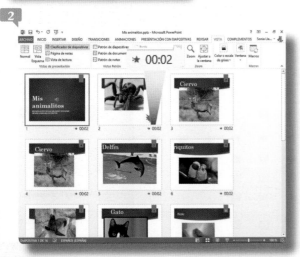

082

Desde e inserte el valor **5** y en el campo **Hasta** inserte el valor **6**; pulse sobre el botón **Aceptar** para confirmar los cambios.

4. Seleccione la opción **Ensayar intervalos**, ubicada en el grupo de herramientas **Configurar**, para que aparezca la presentación con la primera de las diapositivas indicadas con una barra denominada **Grabación** en la parte superior.

5. En la barra **Grabación** pulse el botón de punta de flecha hacia la derecha cuando el cronómetro muestre el tiempo **13** segundos y salga del modo de ensayo pulsando el botón con forma de aspa.

6. Si desea guardar los intervalos en la diapositiva, pulse el botón **Sí** en el cuadro que aparece.

7. Compruebe que el tiempo de representación de la diapositiva **5** ha aumentado su duración en **11** segundos, tal y como lo hemos definido en el **Ensayo**. Pulse sobre el comando **Configuración de la presentación con diapositivas**.

8. Acceda al cuadro **Configurar presentación** marque la opción **Todo** del apartado **Mostrar diapositivas** y haga clic sobre el botón **Aceptar**.

9. Para verificar la modificación del tiempo de duración de la diapositiva número **5**, haga clic sobre ella, para seleccionarla, y haga clic sobre el botón **Desde la diapositiva actual**, del grupo de herramientas **Iniciar presentación con diapositiva**.

10. En el momento en que termine la reproducción de la diapositiva, salga de la presentación usando la tecla **Escape**.

IMPORTANTE

En el cuadro **Configurar presentación** puede establecer y determinar todas las opciones necesarias para la reproducción de su presentación.

Conocer la vista Moderador mejorada

IMPORTANTE

Para determinar manualmente qué equipo mostrará sus notas en la vista Moderador y cuál se orientará al público, en la vista **Presentación de diapositivas**, en la barra de tareas, encima de la Vista moderador, haga clic en **Mostrar configuración** y luego en **Intercambiar Vista Moderador** y **Presentación de diapositivas**.

LA VISTA MODERADOR DE POWERPOINT PERMITE VER las notas en su monitor mientras el público sólo ve la diapositiva. Aunque esta vista no en una novedad en la versión 2013 del programa, sí ha sido notablemente mejorada para que no sea necesario utilizar dos monitores para realizar pruebas en esta vista. Además, ahora al conectar los monitores la configuración se lleva a cabo automáticamente.

1. Vamos a suponer que sólo disponemos de un monitor en el que se proyecta la presentación y deseamos activar la vista Moderador. Veamos cómo. Active la vista **Presentación con diapositivas** pulsando sobre el cuarto de los iconos a vista de la **Barra de estado** del programa. **1**

2. Una vez iniciada la presentación, dirija el puntero del ratón hacia la parte inferior izquierda de la pantalla y, cuando aparezca la barra de comandos, pulse sobre el que muestra unos puntos suspensivos.

3. Se despliega un menú con distintas opciones. En este menú, haga clic sobre la opción **Mostrar vista del moderador**. **2**

4. Ésta es la vista Moderador, vista que, de tener dos monitores, podría mostrarla en uno de ellos para que el pública viera sólo la presentación. **3** En la zona más amplia de esta vista puede

083

ver la diapositiva que está mostrando en estos momentos y en la parte derecha, la diapositiva siguiente. De esta manera puede ir comprobando la sucesión de la presentación. Además, si dispusiera de notas en sus diapositivas, éstas se mostrarían en el espacio destinado a ellas en la parte derecha de la vista. En la parte inferior de la zona central puede ver una serie de iconos. El primero permite elegir entre distintos punteros para señalar o escribir en las diapositivas a medida que realiza la presentación. El segundo, visualizar todas las diapositivas. Haga clic sobre este comando. 4

5. La vista cambia para mostrar la totalidad de las diapositivas. 5 Pulse sobre el icono que muestra una flecha que señala hacia la izquierda para volver a la vista normal.

6. El siguiente comando permite aplicar un zoom sobre la diapositiva actual, mientras que el cuarto convierte la diapositiva en negro. El último de los comandos contiene un menú con otras opciones para la presentación. 6 Los controles de reproducción de la parte inferior de la vista permiten avanzar y retroceder por la presentación. Haga clic sobre la punta de flecha que señala hacia la derecha. 7

7. Para salir de la vista Moderador puede utilizar el comando **Finalizar presentación** situado en la parte superior de la pantalla. Haga clic sobre este comando y dé así por finalizado este ejercicio.

Este modo de visualización en miniaturas posibilita acceder a una diapositiva específica durante la presentación.

Crear presentaciones personalizadas

IMPORTANTE

Recuerde que una presentación personalizada está formada a partir de otra y, sobre todo, que cuando la reproduzca, sólo se verán las diapositivas que hayan seleccionado para tal caso.

ENTENDEMOS POR PRESENTACIÓN personalizada aquella que ha sido creada a partir de una presentación distinta. Es decir, la presentación creada para una audiencia determinada a partir de una presentación dirigida a un público más general. En este ejercicio crearemos una presentación personalizada a partir de una presentación ya existente.

1. En este caso, la presentación que utilizaremos será la que llevamos utilizando durante todos estos ejercicios, esto es, la denominada **Mis animalitos.pptx**. Active la pestaña **Presentación con diapositivas**, despliegue las opciones del comando **Presentación personalizada** del grupo de herramientas **Iniciar presentación con diapositivas** y pulse sobre la única opción, denominada **Presentaciones personalizadas**. 🔲

2. Se abre el cuadro de diálogo **Presentaciones personalizadas**, el cual por el momento se encuentra vacío. Pulse sobre el botón **Nueva**. 🔲

3. Aparece el cuadro **Definir presentación personalizada**. En primer lugar debemos definir qué diapositivas formarán parte de la nueva presentación. Seleccione la diapositiva número **5**, pulse la tecla **Ctrl** y seleccione las diapositivas número **8**, **9**, **12** y **13**. 🔲

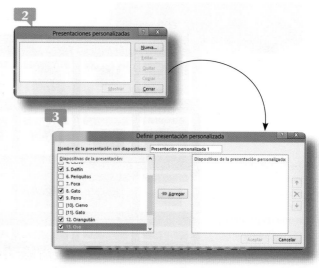

4. Pulse sobre el botón **Agregar** y, en el cuadro de texto **Nombre de la presentación con diapositivas**, escriba **Último ejercicio**. 4

5. Con los botones de flecha situados en el cuadro de la derecha puede cambiar el orden de las diapositivas para la nueva presentación, y con el botón que muestra un aspa puede eliminarlas. Pulse sobre el botón **Aceptar** para salir de este cuadro. 5

6. En el cuadro **Presentaciones personalizada**s aparece ahora el nombre de la presentación que acabamos de crear. Pulse sobre el botón **Mostrar** para comprobar el aspecto de la nueva presentación.

7. Una vez haya terminado la presentación, para salir de la misma, pulse cualquier tecla. Hágalo y despliegue de nuevo el comando **Presentación personalizada**. 6

8. Vea que ahora aparece en el menú desplegado el nombre de nuestra presentación, **Último ejercicio**. Guarde los cambios realizados en la presentación desde el comando de la **Barra de herramientas de acceso rápido**.

9. Terminaremos este ejercicio y con él la sección dedicada a PowerPoint saliendo del programa. Para ello, haga clic sobre el botón de aspa de la Barra de título. 7

084

IMPORTANTE

Podemos crear presentaciones que contengan algunas de las diapositivas que nos interesen. Ello puede hacerse desde el cuadro denominado **Presentaciones personalizadas**.

Access: Crear una base de datos en blanco

CUANDO EMPIEZA A TRABAJAR CON ACCESS, lo primero que debe llevar a cabo necesariamente es la creación de una base de datos en blanco en la cual introducirá los datos que desea almacenar y organizar. Este proceso resulta del todo sencillo y tiene su inicio en el menú Archivo del programa.

1. Empezaremos este primer ejercicio dedicado al gestor de bases de datos Access 2013 mostrándole cómo crear una nueva base de datos en blanco. Para empezar, abra el programa desde la pantalla de inicio de Windows 8 o desde el menú Inicio si trabaja en una versión anterior del sistema operativo de Microsoft. 🔳

2. Como todas las aplicaciones de la suite Office, Access se abre en la renovada vista Backstage, desde la cual iniciaremos el proceso de creación de la nueva base de datos. Pulse sobre el elemento **Base de datos del escritorio en blanco** y, en la nueva ventana que aparece, pulse el botón **Crear**. 🔳

3. La nueva base de datos se carga en el área de trabajo del programa, mostrando el primer objeto con el que se suele trabajar para confeccionarla, la tabla. 🔳 Compruebe que en la Cinta de opciones se ha cargado al mismo tiempo la ficha contextual **Herramientas de tabla** que, a su vez, muestra dos

085

subfichas: **Campos** y **Tabla**.  Con todos los comandos y las herramientas de estas subfichas trabajaremos más adelante. El Panel de navegación, por su lado, muestra la sección **Todos los objetos de Access**; dado que la base de datos cuenta por el momento sólo con una tabla (vacía) sólo refleja este objeto. Lo que haremos a continuación es guardar la nueva base de datos en nuestro equipo. Para ello, haga clic sobre la pestaña **Archivo**, pulse sobre el comando **Guardar como** y, manteniendo seleccionada la opción **Guardar base de datos como**, haga clic sobre el botón **Guardar como**.

4. Para guardar una base de datos es imprescindible, tal y como indica el programa, cerrar todos los objetos que se encuentran abiertos. En el cuadro de diálogo que aparece, pulse el botón **Sí**.

5. El programa ha cerrado automáticamente el único objeto existente en la nueva base de datos, la tabla vacía. A continuación se abre el cuadro de diálogo **Guardar como**, en el cual debemos seleccionar la ubicación en la que guardaremos el archivo y asignarle un nombre. La base de datos que crearemos para este ejemplo le permitirá almacenar y consultar la colección de música de su casa. Recogerá información de las grabaciones e intérpretes de las mismas, clasificando la música según las distintas categorías que usted desee diferenciar. En el campo **Nombre de archivo**, escriba el término **Discoteca** y pulse el botón **Guardar**.

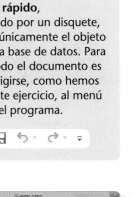

El formato utilizado para las bases de datos creadas en Access 2013 coincide con el que se utiliza en la versión anterior del programa y que cuenta con la extensión **.accdb**. Esto implica que aquellos usuarios que trabajen con la versión 2007 o 2010 de Access podrán manejar sin problemas las bases de datos creadas sobre la versión 2010.

Conocer los objetos de una base de datos

LOS OBJETOS QUE PUEDEN CONFORMAR una base de datos son muchos y cada uno de ellos obedece a un propósito distinto. Por norma general, los datos con los que trabajan los objetos de la base de datos corresponden a los datos insertados en las tablas. Para las bases de datos, las tablas son fundamentales ya que éstas son las estructuras encargadas de clasificar de forma organizada los datos introducidos por el usuario.

1. En este ejercicio trabajaremos con una base de datos denominada **Quesos.accdb**, la cual puede descargar desde nuestra página web y almacenarla en su equipo. Cuando disponga de ella, ábrala en Access 2013 y habilite el contenido del archivo desde el botón correspondiente. [1]

2. Una vez abierta la base de datos, podemos ver que, por el momento, cuenta con una única tabla, la tabla **Quesos1**. Para abrirla, haga doble clic sobre su nombre en el Panel de navegación. [2]

3. La tabla en cuestión se muestra en el área de trabajo, al tiempo que aparece la correspondiente ficha contextual, **Herramientas de tabla**. [3] La denominación de tabla se debe a su organización en forma de filas y columnas en las que se distribuyen los registros. Veamos ahora cuáles son las opciones presenta-

Sepa que también puede abrir los objetos en el Área de trabajo de Access arrastrándolos hasta ella desde este panel.

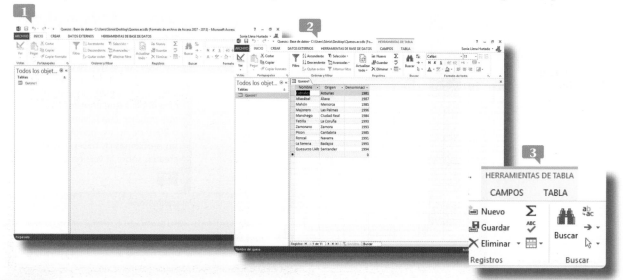

das por el objeto Informes. Haga clic sobre la pestaña **Crear** de la Cinta de opciones.

4. El propósito de los informes es el de presentar los datos organizados y clasificados según los criterios establecidos, de modo que puedan ser impresos. Pulse sobre la herramienta **Informe**, en el grupo de herramientas **Informes**.

5. Aparece así en una nueva ficha el informe con su formato predefinido y la correspondiente ficha contextual. Para cerrar este informe, pulse el botón de aspa de la **Barra de título** de su ficha, sin guardar los cambios. 5

6. Otro de los objetos de una base de datos es el formulario. Haga clic de nuevo sobre la pestaña **Crear** y pulse en el comando **Asistente para formularios** del grupo de herramientas **Formularios**. 6

7. Un formulario es una hoja en la que se muestran diferentes campos en los que se debe introducir la información solicitada. Los formularios pueden incluir material gráfico, sonidos y botones de comando. Cierre el asistente para formularios pulsando el botón **Cancelar**. 7

Las consultas son modos de buscar y encontrar una información concreta de un cúmulo de datos almacenados en la base que pueden proceder de una o varias tablas. Por su parte, una macro es una acción o conjunto de acciones que se graban para automatizar tareas y un módulo es una colección de declaraciones, instrucciones y procedimientos almacenados juntos como una unidad con nombre.

086

IMPORTANTE

El modo de creación y acceso a estos objetos es común para la mayoría: casi todos pueden crearse desde la ficha **Crear** de la Cinta de opciones, a partir de un asistente o introduciendo los datos directamente, y todos ellos son accesibles a través del Panel de navegación.

| INICIO | CREAR | DATOS |

La organización de los distintos objetos en **fichas** proporciona más facilidad y sencillez en la navegación.

Crear una tabla desde la vista Hoja de datos

LAS TABLAS SON LOS ÚNICOS OBJETOS imprescindibles en cualquier base de datos. En ellas se almacenan los datos con los que posteriormente se trabaja para extraer la información útil requerida. Las tablas son estructuras creadas para clasificar datos de forma ordenada y organizada. En Access 2013, las tablas se crean muy fácilmente gracias a la vista Hoja de datos.

1. Con este ejercicio empezaremos la confección de nuestra base de datos **Discoteca**. El primer paso consiste en crear los distintos elementos para guardar la información requerida. En concreto, crearemos dos tablas: **Grabaciones** e **Intérpretes**. Recupere en Access la mencionada base de datos y, en la Cinta de opciones, pulse sobre la pestaña **Crear**. 🔲

2. En el grupo de herramientas **Tablas**, pulse sobre el comando **Tabla**. 🔲

3. Automáticamente se crea una nueva tabla llamada **Tabla1** a la vez que se activa la vista Hoja de datos. 🔲 Vamos a cambiar el nombre de los dos campos de la tabla y añadiremos otros nuevos. Haga clic en la cabecera del campo **Id** y pulse sobre el comando **Nombre y título** del grupo de herramientas **Propiedades**. 🔲

4. Se abre así el cuadro **Escriba las propiedades de campo**, en el que podemos establecer el nombre y el título del campo así como añadir una breve descripción del mismo. En el campo **Nombre**, escriba el término **Título CD** y pulse el botón **Aceptar**.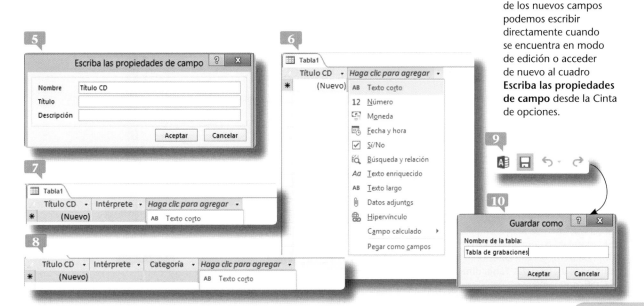

5. Vamos a agregar dos nuevos campos. Haga clic en el botón de punta de flecha de la columna **Haga clic para agregar** y elija la opción **Texto corto**.

6. La nueva columna se añade mostrando su nombre por defecto, **Campo1**, en modo de edición. En este caso, escriba el término **Intérprete** y pulse la tecla **Retorno**.

7. Al pulsar la tecla **Retorno** se despliegan las opciones para la creación de un nuevo campo. Seleccione nuevamente el tipo de campo **Texto corto**, escriba como nombre del campo el término **Categoría** y pulse de nuevo **Retorno**.

8. Podríamos seguir repitiendo esta acción tantas veces como campos deseáramos incluir en la tabla. Sin embargo, lo dejaremos aquí. Para acabar, guardaremos esta tabla con un nombre que la identifique claramente. Pulse el comando **Guardar** de la **Barra de herramientas de acceso rápido**.

9. En el campo **Nombre de la tabla**, escriba el término Tabla de grabaciones y pulse el botón **Aceptar** para guardar la tabla y dar por acabado este ejercicio.

087

IMPORTANTE

Una tabla contiene la información más importante en una base de datos y está compuesta por registros que a su vez contienen diferentes campos. Los registros son las filas de la tabla y los campos son las columnas. Al crear una nueva base de datos, ésta ya incluye por defecto una tabla, denominada Tabla1, que se muestra en la vista Hoja de datos y que cada usuario puede modificar para que contenga los datos necesarios.

Para cambiar el nombre de los nuevos campos podemos escribir directamente cuando se encuentra en modo de edición o acceder de nuevo al cuadro **Escriba las propiedades de campo** desde la Cinta de opciones.

Definir campos desde la vista Diseño

EL SISTEMA DE CREACIÓN Y GESTIÓN DE TABLAS desde la vista Diseño es mucho más complejo que mediante la vista Hoja de datos; sin embargo admite un mayor control de la definición de los campos. La vista Diseño permite tanto la creación de nuevas tablas como la definición de campos en una tabla ya existente.

1. En este ejercicio aprenderá a modificar una tabla existente desde la vista Diseño. Continuamos trabajando con la tabla de grabaciones que creamos en el ejercicio anterior, la cual mostraremos en la mencionada vista. Despliegue el comando **Ver** del grupo **Vistas**, en la subficha **Campos** de la ficha contextual **Herramientas de tabla**. 🔲

2. Este botón incluye todas las vistas posibles en que se puede mostrar una tabla. Haga clic sobre la opción **Vista Diseño**. 🔲

3. La parte superior de la ventana se distribuye en tres columnas: **Nombre de campo**, **Tipo de datos** y **Descripción**. 🔲 Para cambiar el nombre de los campos, basta con pulsar sobre la celda donde se encuentra el campo en cuestión y modificar o sustituir el nombre por uno nuevo. Para empezar, modificaremos el nombre del primer campo seleccionado. Con el nombre de este campo seleccionado, escriba simplemente la palabra **Título** y pulse la tecla **Retorno**. 🔲

La versión 2013 de Access simplifica las vistas y las reduce a dos: **Vista Hoja de datos** y **Vista Diseño**, omitiendo así las vistas **Tabla dinámica** y **Gráfico dinámico**.

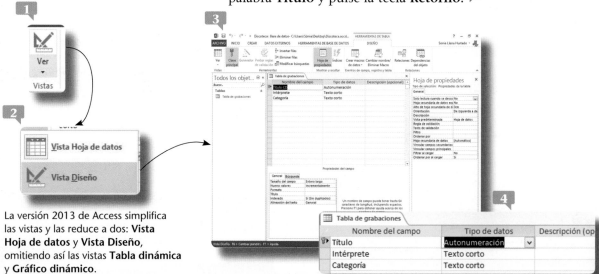

4. Aprovecharemos la selección del correspondiente registro de la columna **Tipo de datos** para cambiar este valor. Como ve, y dado el tipo de campo original, el tipo de datos establecido es autonumérico. Vamos a cambiarlo. Despliegue dicho campo y elija en este caso el tipo **Texto corto**.

5. Vamos a agregar una descripción para este campo. Pulse la tecla **Tabulador** para pasar a la siguiente columna, escriba en ella el texto **Título del CD** y pulse la tecla **Retorno**.

6. Para crear un nuevo campo, pulse dentro de la primera celda vacía de la columna **Nombre del campo**, inserte el término **Mejor canción** y pulse la tecla **Retorno**.

7. De esta forma, hemos agregado un nuevo campo a la tabla en la cual reflejaremos la mejor canción incluida en el CD. Antes de acabar, mostraremos de nuevo la tabla en la vista Hoja de datos para comprobar que los cambios se han aplicado correctamente. Para ello, en la parte derecha de la Barra de estado, pulse sobre el primero de los iconos, correspondiente a esta vista.

8. Antes de cambiar de vista es preciso guardar los cambios realizados en la tabla. En el cuadro de diálogo que aparece, pulse sobre el botón **Sí**.

Efectivamente, la tabla se muestra con las modificaciones realizadas. Compruebe por un lado el cambio en el nombre del primer campo y por otro, la aparición del cuarto campo. Por último, vea en la parte izquierda de la **Barra de estado** cómo aparece el texto introducido como descripción del campo seleccionado.

088

Insertar campos numéricos y de tipo Sí/No

LOS ELEMENTOS DE INFORMACIÓN DE UNA TABLA se almacenan en campos, también denominados columnas. Los campos de una tabla pueden contener información de diversa índole, por ejemplo, texto, números, fechas, etc. Access permite asignar un tipo concreto de datos a cada campo en función del contenido que se tenga previsto guardar.

1. En este ejercicio, le mostraremos cómo asignar un tipo de dato numérico a un campo y uno del tipo Sí/No. Para ello, y aunque no es imprescindible, lo primero que haremos es situarnos en la vista **Diseño** de la tabla de grabaciones.

2. Vamos a agregar un nuevo campo que será, esta vez, de tipo numérico. Haga clic en la primera celda vacía de la columna **Nombre del campo**, escriba el término **Año lanzamiento** y pulse la tecla **Retorno**. 2

3. Por defecto, los nuevos campos introducido muestran como tipo de datos el denominado Texto corto. De acuerdo con este tipo, el panel **General** del apartado **Propiedades del campo**, en la parte inferior de esta vista, 3 muestra las características que deberá presentar el campo en cuestión. Despliegue la celda **Tipo de datos** del nuevo campo para comprobar las opciones disponibles. 1

4. Los campos numéricos pueden ser del tipo **Número** o del tipo **Autonumeración**. El primer tipo permite insertar el valor que

089

necesitemos manualmente, mientras que el segundo permite que sea el programa quien numere los registros de forma automática. En este caso, seleccione la opción **Número**. 5

5. En el panel General, haga clic sobre el campo **Tamaño del campo**, que muestra el texto **Entero largo**. 6

6. Compruebe que a su derecha ha aparecido un botón de flecha. Pulse sobre él y, de entre el contenido existente, elija la propiedad **Entero**. 7

7. Como los datos que deberá reflejar este campo serán siempre de cuatro cifras, un año, esta propiedad nos bastará. A continuación veremos un ejemplo que refleja el uso de campos del tipo Sí/No. Haga clic en la primera celda vacía de la columna **Nombre del campo** y escriba la palabra **Disponible**.

8. Este nuevo campo nos informará acerca de la disponibilidad del CD, es decir, si está en nuestro poder o si, por ejemplo, ha sido prestado a algún familiar, amigo o conocido y todavía no devuelto. Sitúese en la columna **Tipo de datos**.

9. Despliegue la celda **Tipo de datos** del nuevo campo y elija esta vez la opción **Sí/No**. 8

10. En nuestro caso, nos interesa mantener este formato de afirmación y negación, aunque sepa que dispone de dispone además de los valores Verdadero/Falso y activado/Desactivado. Vuelva a la vista **Hoja de datos** guardando los cambios realizados y compruebe que en el campo **Disponible** se ha insertado una casilla de verificación, la cual por defecto se encuentra desactivada. 9

Insertar campos desde la Vista Hoja de datos

AUNQUE LA CREACIÓN Y LA EDICIÓN DE CAMPOS es más precisa desde la Vista Diseño, por contar con el panel de propiedades de los campos, también es posible agregar nuevos campos en una tabla ya existente desde la vista Hoja de datos. La subficha Campos de la ficha contextual Herramientas de tabla contiene los comandos necesarios para incluir campos de cualquier tipo.

1. En este ejercicio aprenderá a insertar nuevos campos en una tabla desde la vista Hoja de datos. Para ello, continuamos confeccionando nuestra base de datos Discoteca, en la cual, recuerde, reflejaremos todo el material musical de que disponemos. Desde la Vista Hoja de datos, haga clic sobre la subficha Campos de la ficha contextual Herramientas de tabla.

2. Esta subficha contiene todos los comandos y las opciones para gestionar los campos de la tabla. Así, además de agregar y eliminar nuevos campos, desde aquí puede modificar algunas de sus propiedades, cambiar su formato y establecer, si es preciso, una validación del campo. En este caso, y como hemos indicado, agregaremos un nuevo campo, en concreto, uno que refleje la carátula del CD. Haga clic sobre la cabecera de la celda que muestra el texto **Haga clic para agregar**.

CAMPOS

3. De esta forma se despliega el menú contextual que contiene todos los tipos de campos disponibles en Access. De la lista que se despliega, elija la opción **Datos adjuntos**. **3**

4. A la izquierda del campo seleccionado se inserta un nuevo campo. Compruebe que como nombre del campo se muestra el símbolo típico de los archivos adjuntos, un clip. **4** Vamos a cambiar este nombre. En el grupo de herramientas **Propiedades**, pulse sobre el comando **Nombre y título**. **5**

5. Ya trabajamos con el cuadro **Escriba las propiedades de campo** en un ejercicio anterior. En el campo **Nombre**, escriba el término **Portada** y pulse el botón **Aceptar**. **6**

6. Aunque el cambio, en este caso, no se refleja en la cabecera del nuevo campo, sí se ha realizado correctamente. Para comprobarlo, accederemos a la Vista Diseño. Haga clic en el último icono de los accesos a vistas de la Barra de estado. **7**

7. Efectivamente, el último campo que aparece en la tabla refleja el nombre introducido, Portada. **8** En el ejercicio dedicado a la introducción de los datos en los registros, le mostraremos cómo agregar los datos adjuntos en este campo. En concreto, insertaremos una imagen correspondiente al álbum especificado. Vuelva a la vista Hoja de datos desplegando el comando **Ver** del grupo de herramientas **Vistas** y eligiendo de la lista la opción **Vista Hoja de datos**. **9**

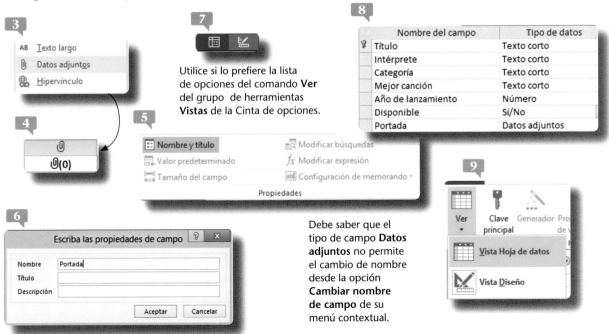

090

Utilice si lo prefiere la lista de opciones del comando **Ver** del grupo de herramientas **Vistas** de la Cinta de opciones.

Nombre del campo	Tipo de datos
Título	Texto corto
Intérprete	Texto corto
Categoría	Texto corto
Mejor canción	Texto corto
Año de lanzamiento	Número
Disponible	Sí/No
Portada	Datos adjuntos

Debe saber que el tipo de campo **Datos adjuntos** no permite el cambio de nombre desde la opción **Cambiar nombre de campo** de su menú contextual.

Definir una tabla

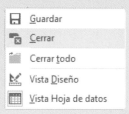

HASTA EL MOMENTO HEMOS ESTADO TRABAJANDO sobre una tabla creada desde la vista Hoja de datos, la cual hemos ido confeccionando con una serie de campos. Esta forma de elaboración de tablas nos ha permitido conocer algunas de las características del modo de trabajar de Access. Sin embargo, el programa permite crear desde la vista Diseño la estructura de sus propias tablas mediante el comando Diseño de tabla.

1. En este ejercicio vamos a crear una segunda tabla, destinada a reflejar sobre todo datos de los artistas o intérpretes de los CD que aparecen en la tabla de grabaciones. Para ello, lo primero que haremos es cerrar la tabla actual para dejar el área de trabajo del programa vacía. Haga clic con el botón derecho del ratón sobre la pestaña **Tabla de grabaciones** y, del menú contextual que se despliega, pulse sobre la opción **Cerrar**.

2. En estos momentos no disponemos de ningún elemento abierto. Empecemos pues con el proceso de definición de nuestra nueva tabla. En la Cinta de opciones, haga clic sobre la pestaña **Crear**.

3. En el grupo de herramientas **Tablas**, haga clic sobre el comando **Diseño de tabla**.

4. Se abre de esta forma una nueva tabla, denominada por defecto **Tabla1**, en la vista **Diseño**. Ahora se trata de ir designan-

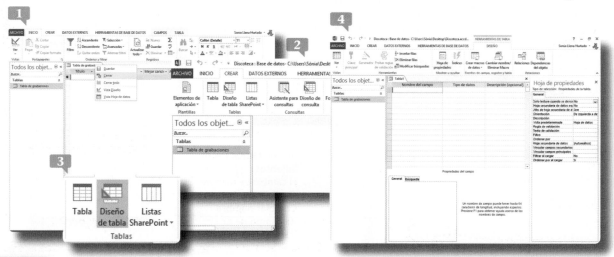

091

do los distintos campos que formarán la nueva tabla. La ventaja de trabajar desde esta vista para la creación de las tablas es el hecho de contar con el panel de propiedades siempre a mano. En el primer campo de la tabla, escriba el término **ID Intérprete** y pulse la tecla **Tabulador** para pasar a la siguiente celda. **5**

5. Llamamos ID al número de identificación de una serie de elementos. En nuestra tabla, este número lo asignaremos nosotros mismos. Por ello, despliegue la celda **Tipo de datos** y elija de la lista la opción **Número**. **6**

6. Compruebe el panel de propiedades. En este caso, cambiaremos dos de los criterios, el de formato y el de alineación. Haga clic en el campo **Formato**, despliéguelo y elija de la lista la opción **Número general**. **7**

7. Seguidamente, haga clic en el campo **Alineación del texto**, despliéguelo y elija la opción **Derecha**. **8**

8. Añada tres campos más a la nueva tabla: **Nombre intérprete**, **Fecha Nacimiento** y **Nacionalidad**, asignando al primer y al tercer campo el tipo de dato **Texto corto** y al segundo el tipo **Fecha/Hora**. **9**

9. Antes de terminar, guardaremos la nueva tabla. Para ello, haga clic en el comando **Guardar** de la **Barra de herramientas de acceso rápido**, **10** escriba como nombre el término **Tabla de intérpretes** y pulse en **Aceptar**. **11**

10. El programa nos informa de que es recomendable asignar una clave principal a la tabla. Como esto será tratado con detalle en el ejercicio siguiente, pulse en este caso el botón **No**.

IMPORTANTE

La clave principal de una tabla es el elemento en el cual Access se basa para establecer relaciones entre tablas de una misma base de datos.

Clave principal

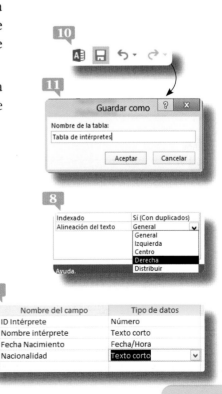

Designar un campo como clave principal

LA CLAVE PRINCIPAL TIENE VARIAS FUNCIONES, aunque la más importante es la de permitir crear relaciones entre tablas, algo fundamental para construir bases de datos. Al crear una tabla en vista Hoja de datos, el programa asigna el primero de los campos existentes la propiedad de clave principal, representada por el dibujo de una llave en la cabecera de la fila. Sin embargo, al definir una tabla desde cero en vista Diseño, deberá ser el usuario quien asigne esta condición al campo que crea oportuno.

1. En la tabla **Tabla de intérpretes**, definida en el ejercicio anterior, vamos a designar como clave principal el campo **ID Intérprete**, que permitirá, tras algunas modificaciones, relacionar esta tabla con nuestra **Tabla de grabaciones**. Vamos a proceder con la asignación a este campo de la condición de clave principal. Para ello, haga clic en la cabecera de la fila del campo **ID Intérprete** para seleccionarla por completo. 🔲

2. A continuación, en el grupo de herramientas **Herramientas** de la subficha **Diseño** de la ficha contextual **Herramientas de tabla**, pulse sobre el comando **Clave principal**. 🔲

3. Compruebe lo que ha ocurrido. En la cabecera de la fila seleccionada aparece ahora el icono de una llave, lo que nos indica que este campo ha sido designado como clave principal. 🔲 Debe saber que es posible asignar más de un campo como clave

092

principal y que esta clave puede ser modificada y eliminada. Vamos a ver cómo cambiar una clave principal ya asignada. Para ello, nos dirigiremos a la **Tabla de grabaciones**. En el **Panel de navegación**, haga clic con el botón derecho del ratón sobre dicha tabla y, en el menú contextual que se despliega, elija la opción **Vista diseño** para abrirla también en esta vista.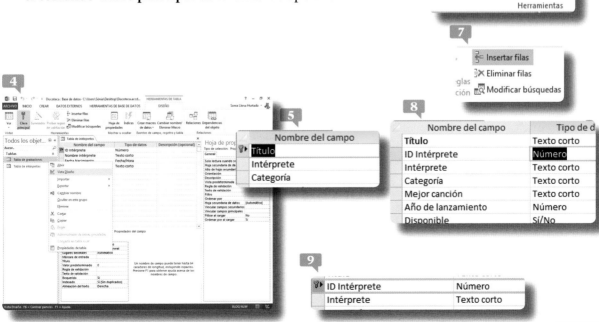

4. Compruebe como, efectivamente, el primer campo aparece definido como clave principal. Recuerde que esta tabla fue creada en la vista Hoja de Datos, en la cual es el programa quien se ocupa de asignar la clave principal al primer campo de la tabla. Para cambiar la clave, primero debemos eliminarla. Con el primer campo seleccionado, haga clic en el comando **Clave principal** del grupo de herramientas **Herramientas**.

5. Así de sencillo hemos eliminado la clave principal. Lo que debemos hacer ahora es agregar un nuevo campo del tipo numérico, al cual asignaremos el nombre **ID Intérprete**. Haga clic en la cabecera de la fila del campo **Intérprete** para seleccionarla y pulse el comando **Insertar filas** del grupo de herramientas **Herramientas**.

6. Escriba en la celda **Nombre del campo** el término **ID Intérprete**, pulse la tecla **Tabulador**, despliegue el campo **Tipo de datos** y elija de la lista la opción **Número**.

7. Para asignar la clave principal al nuevo campo, pulse de nuevo el comando **Clave principal** de la Cinta de opciones.

Introducir datos en una tabla

EN LAS TABLAS, LOS DATOS SE INTRODUCEN directamente en la cuadrícula de forma muy sencilla. Aun así, cabe destacar que el objeto más adecuado para llevar a cabo esta acción son los formularios, con los que trabajaremos más adelante.

1. En este ejercicio vamos a empezar a introducir los datos necesarios para completar así nuestras tablas. En concreto, empezaremos por la denominada **Tabla de grabaciones**, la cual se encuentra en primer plano en la vista Diseño. Lo que haremos en primer lugar será eliminar el campo denominado **Intérprete**, puesto que ya quedará completado con el campo **ID Intérprete**. Haga clic en la cabecera del campo **Intérprete** y, en el grupo de herramientas **Herramientas**, pulse sobre el comando **Eliminar filas.**

2. El campo seleccionado desaparece de inmediato de la tabla. Para poder empezar a introducir datos, despliegue el comando **Ver** del grupo de herramientas **Vistas** de la Cinta de opciones, elija la opción **Vista Hoja de datos** y, en el cuadro de diálogo que aparece, pulse en **Sí** para almacenar los cambios realizados.

3. Con la celda del campo que deseamos completar seleccionada, podemos empezar a escribir. Escriba en el primer registro del campo **Título** el término ¡¡**Buenos días, Mundo!!** y pulse la tecla **Tabulador.**

La tecla **Tabulador** permite saltar de un registro a otro, igual que la tecla **Retorno**.

093

4. En el campo **ID Intérprete**, deberá introducir un número que se corresponderá con el identificador del intérprete del álbum en la tabla **Intérpretes**. En este caso, escriba el valor **1** y, en el campo **Categoría**, escriba directamente la palabra **Pop**.

5. En el campo **Mejor canción**, escriba el título **Tu cruz por la cara**, pulse la tecla **Retorno**, introduzca en el campo **Año lanzamiento** el valor **2011** y marque la casilla de verificación del campo **Disponible**.

6. Sólo nos queda completar el campo **Portada**. Recuerde que este campo es del tipo **Datos adjuntos**, por lo que en la cabecera de la correspondiente columna aparece el símbolo del clip. Como indicamos en su momento, este campo reflejará la imagen de la portada del álbum especificado en cada registro. En este caso, puede utilizar el archivo **portada.jpeg**, que puede descargar desde nuestra página web y guardar en su equipo. Cuando disponga de ella, haga doble clic sobre el registro correspondiente a este campo.

7. Se abre de este modo el cuadro **Datos adjuntos**, en el cual debemos seleccionar el material que deseamos incorporar en la base de datos. Pulse sobre el botón **Agregar**.

8. Los campos de datos adjuntos no sólo pueden incluir imágenes, sino vínculos a otras bases de datos e, incluso, documentos procedentes de otros programas. En este caso, localice en el cuadro **Elegir un archivo** la imagen **portada.jpeg** y pulse el botón **Abrir**.

9. De vuelta al cuadro **Datos adjuntos**, haga clic en el botón **Aceptar**.

IMPORTANTE

Los datos adjuntos agregados a un registro no se muestran directamente en la vista Hoja de datos. Al realizar la incorporación de estos datos, aparece un número entre paréntesis para indicar que existe un archivo adjunto. Para abrirlo, es preciso hacer doble clic sobre la celda y, en el cuadro **Datos adjuntos**, pulsar el botón **Abrir**.

Cuando una fila de registros empieza a ser completada, como es el caso, en la cabecera de dicha fila aparece un icono en forma de lápiz.

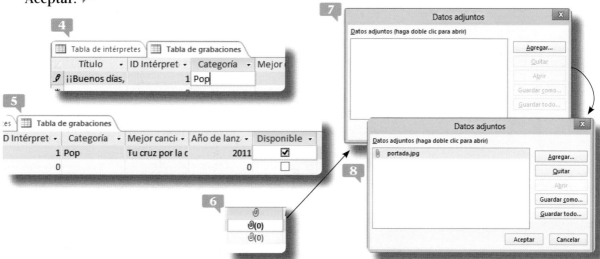

Ordenar la información de un campo

SI EN DETERMINADOS MOMENTOS SE NECESITA LLEVAR a cabo el desplazamiento por una tabla con el fin de encontrar una información concreta, es conveniente ordenarla por el campo en el que se desea localizar la información. Access muestra los registros de un modo preestablecido, modo que podrá modificarse siempre que sea necesario.

1. Para llevar a cabo este ejercicio trabajaremos con una actualización de nuestra base de datos, que puede descargar desde nuestra página web con el nombre **Discoteca002**. Empezaremos ordenando alfabéticamente los registros por el campo **Título**. Para ello, haga clic sobre la cabecera de dicha columna para seleccionarla por completo.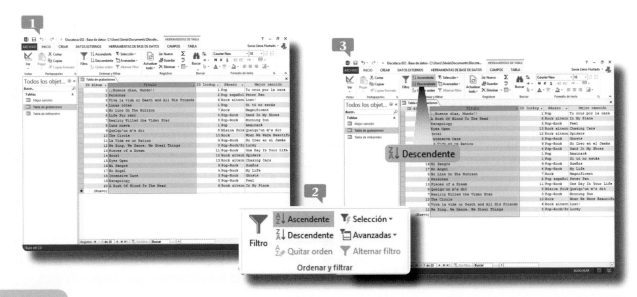

2. Toda la columna correspondiente al campo **Título** se ha seleccionado. Ordenaremos la tabla de forma ascendente según este campo. Pulse sobre el comando **Ascendente** del grupo de herramientas **Ordenar y filtrar** de la ficha **Inicio**.

3. Efectivamente, el orden de los registros se ha modificado siguiendo un orden alfabético, de la A a la Z. Imagine ahora que desea realizar la misma operación pero a la inversa, es decir,

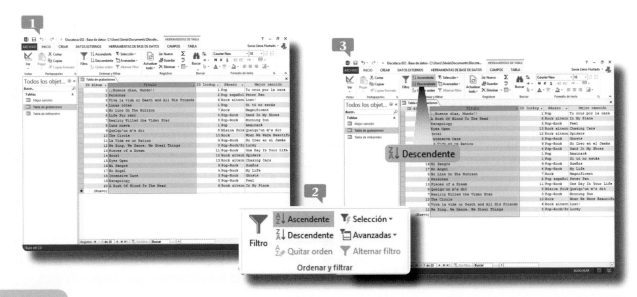

ordenar los registros según el campo **Título** pero en orden descendente, de la Z a la A. Pulse sobre la herramienta **Descendente** del grupo de herramientas **Ordenar y filtrar**. [3]

4. El resultado es evidente. [4] Otra manera de ordenar el contenido de los registros seleccionados es desde el menú contextual de la columna afectada al cual se accede con el botón derecho del ratón, o bien mediante el menú desplegable incluido en la cabecera de cada columna. [5] Para eliminar el criterio de ordenación de una columna, es preciso dirigirse al grupo de herramientas **Ordenar y filtrar**. Para ello, con la misma columna seleccionada, pulse sobre el comando **Quitar orden**. [6]

5. La tabla ha quedado ordenada siguiendo los criterios originales, es decir, por ID del álbum; esto significa que el comando **Quitar orden** actúa sobre toda la tabla, discriminando cualquier selección de campo. [7] En el ejercicio siguiente aprenderá a filtrar los registros de una tabla para gestionar mejor su contenido. Para terminar, haga clic en la primera celda de la tabla para eliminar la selección actual.

6. Por último, guarde los cambios realizados hasta el momento pulsando el comando **Guardar** de la **Barra de herramientas de acceso rápido**. [8]

094

> ### IMPORTANTE
>
> Cuando un campo se ordena alfabéticamente en orden ascendente, en primer lugar aparecerán aquellas celdas cuyo contenido empiece por signos de puntuación.

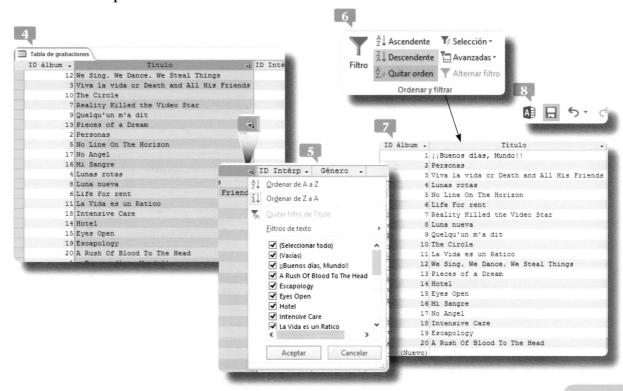

Filtrar los registros de una tabla

LAS OPCIONES DE FILTRADO DE DATOS MÁS HABITUALES se encuentran en el grupo de herramientas Ordenar y filtrar de la ficha Inicio, mientras que los llamados "filtros rápidos" cambian automáticamente en función del tipo de datos para mostrar opciones relacionadas con la información numérica, de texto o de fecha.

1. En este ejercicio aprenderemos a filtrar los registros de una tabla. En primer lugar filtraremos todos aquellos registros cuyo valor en el campo **Año lanzamiento** equivalga a 2008. Haga clic en la parte derecha de la **Barra de desplazamiento horizontal** para mostrar dicho campo y pulse en la celda que muestra el valor **2008** del segundo registro. ▐**1**

2. A continuación, despliegue el comando **Selección** del grupo de herramientas **Ordenar y filtrar**. ▐**2**

3. Como puede ver, esta herramienta permite filtrar todos los registros iguales a 2008, los diferentes a ese número, los que lo contienen o los que no lo contienen. Según nuestro objetivo, pulse sobre la opción **Igual a 2008**. ▐**3**

4. Se ocultan así todos los registros en cuyo campo **Año lanzamiento** no aparece el valor 2008, al tiempo que aparece la información **Filtrado** en la parte inferior del área de trabajo. ▐**4**

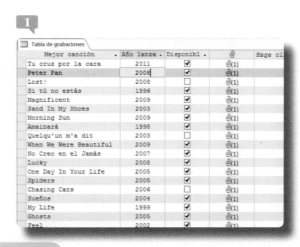

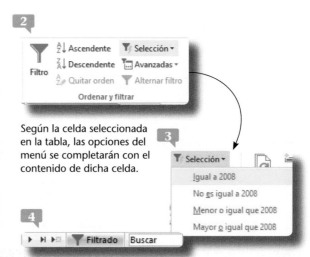

Según la celda seleccionada en la tabla, las opciones del menú se completarán con el contenido de dicha celda.

095

Pulse el botón **Alternar filtro**, que se encuentra activo en el grupo **Ordenar y filtrar**, para quitar el filtro aplicado.

5. El filtro ha desaparecido y todos los registros de la tabla se muestran de nuevo en pantalla. Ahora utilizaremos un filtro de texto para mostrar en la tabla únicamente los títulos que pertenecen al género pop y sus variantes. Pulse en la parte derecha de la **Barra de desplazamiento horizontal** para visualizar la columna **Género** y haga clic dentro de alguna celda que contenga el término **Pop**.

6. Haga clic con el botón derecho del ratón en la misma celda, pulse sobre la opción **Filtros de texto** para ver las opciones que incluye y seleccione el filtro **Contiene**.

7. Se abre de este modo el cuadro **Filtro personalizado**, donde debemos introducir la palabra que los títulos filtrados deben incluir. Escriba la palabra **Pop** en el cuadro **Género contiene** y pulse el botón **Aceptar** para aplicar este filtro.

8. Automáticamente el programa nos muestra los registros de la tabla que pertenecen al género pop y sus variantes. Esta vez quitaremos el filtro usando el comando **Filtro**. Haga clic en dicho comando del grupo de herramientas **Ordenar y filtrar**.

9. En el menú de opciones que se abre aparecen seleccionados con un signo de verificación los géneros incluidos en el filtro. En este caso, pulse sobre la opción **Quitar filtro de Género** para eliminar el filtro y dar así por acabado este ejercicio.

Desde esta lista podría ir agregando otros géneros para que se mostraran los correspondientes registros en la tabla.

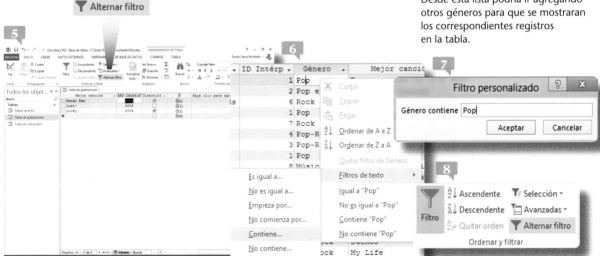

Utilizar filtros por formulario

LOS FILTROS POR FORMULARIO PERMITEN FILTRAR la información por más de un campo a la vez y no necesitan que el cursor se desplace hasta el campo que contiene la información que desea filtrar, sino que permite seleccionarla a través de un menú desplegable o incluso introducirla manualmente.

1. Con la **Tabla de grabaciones** abierta, despliegue el comando **Avanzadas** del grupo de herramientas **Ordenar y filtrar** y pulse sobre la opción **Filtro por formulario**. ▭

2. Aparece una nueva ficha de documento mostrando un único registro en blanco. Pulse en la parte derecha de la **Barra de desplazamiento horizontal** para ver el campo **Año lanzamiento** y haga clic en la celda en blanco correspondiente a este campo. ▭

3. Pulse el botón de punta de flecha que aparece en este campo y, tras comprobar que se despliega todo el listado de años existente en este campo, haga clic sobre el valor **2005**. ▭

4. Para que el filtro sea efectivo y podamos obtener todos los registros en los que aparece el año seleccionado, debemos aplicarlo. Para ello, pulse sobre el comando **Alternar filtro** del grupo **Ordenar y filtrar**. ▭

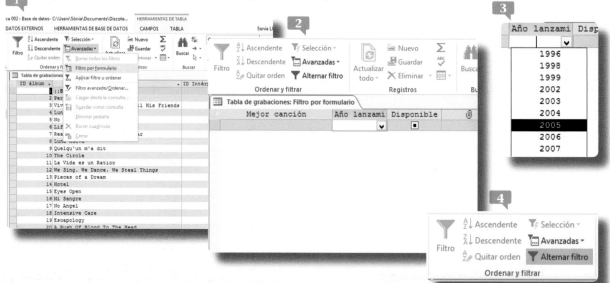

5. Efectivamente, el filtro aplicado nos devuelve todos los registros correspondientes al año seleccionado. A continuación, complicaremos un poco más este filtro para comprobar su versatilidad. Imagine que ahora desea obtener los álbumes cuyo año de lanzamiento sea **2005** o **2007**. Nuevamente, despliegue el comando **Avanzadas** y haga clic en la opción **Filtro por formulario**. 🔲

6. Observe que al pie de la ventana activa aparecen dos pestañas: **Buscar** y **Or**. La pestaña **Or** ofrece la oportunidad de establecer una alternativa al filtro ya existente en la pestaña **Buscar**. De este modo, el filtro podrá mostrar los registros correspondientes al campo seleccionado en la ficha **Buscar** y los correspondientes al campo seleccionado en la ficha **Or**. Así pues, a falta de unos, mostraría los otros. Haga clic sobre la pestaña **Or** 🔲 y verá un nuevo formulario en blanco.

7. Pulse el botón de punta de flecha que figura en el campo **Año lanzamiento** y, en el menú que se despliega, seleccione el año **2007**. 🔲

8. Esta vez aplicaremos el filtro desde el menú contextual de este campo. Haga clic con el botón derecho del ratón en la cabecera de la columna y elija la opción **Aplicar filtro u ordenar**. 🔲

9. El resultado es el esperado. El filtro muestra todos aquellos álbumes lanzados en 2005 o 2007. Pulse el botón **Filtrado** de la parte inferior de la tabla para quitar el filtro aplicado. 🔲

IMPORTANTE

Al activar la pestaña Or como alternativa de búsqueda, aparece una nueva de este tipo. A través de estas pestañas podemos añadir tantas alternativas como deseemos. Para eliminar pestañas de filtro puede usar la opción **Eliminar ficha** del menú incluido en el comando **Avanzadas**.

Crear una consulta con el asistente

AL IGUAL QUE LOS FILTROS, LAS CONSULTAS PERMITEN ordenar y seleccionar registros, pero tienen funciones más amplias como, por ejemplo, realizar cálculos, agrupar registros por diversos conceptos o generar nuevas tablas.

IMPORTANTE

Las consultas, a diferencia de los filtros, son consideradas objetos de la base de datos, por lo que el acceso a las mismas se realiza desde el **Panel de navegación**. La creación de las consultas puede realizarse de dos formas: desde la vista Diseño de consulta o utilizando el asistente.

1. Para empezar a trabajar con las consultas, le recomendamos que cierre la base de datos actual guardando los cambios y descargue desde nuestra página web una actualización de la misma, denominada **Discoteca003.accdb**. Cuando disponga de ella, ábrala y muestre el contenido de la **Tabla de grabaciones**. Pulse en la pestaña **Crear** de la Cinta de opciones para activar esa ficha. 🔲

2. Haga clic en el botón **Asistente para consultas** del nuevo grupo de herramientas **Consultas**. 🔲

3. Se abre de este modo el cuadro **Nueva consulta**. Mantenga seleccionada la opción **Asistente para consultas sencillas** y pulse el botón **Aceptar**. 🔲

4. Aparece ahora el cuadro **Asistente para consultas sencillas**. Mantenga seleccionada la **Tabla de grabaciones**, pulse el botón con una doble flecha apuntando hacia la derecha situado entre los cuadros **Campos disponibles** y **Campos seleccionados** para añadir todos los campos existentes a la consulta y haga clic sobre el botón **Siguiente**. 🔲

En la versión anterior de Access, el comando **Asistente para consultas** se encontraba en el grupo de herramientas **Macros y código**.

Si existen varias tablas y consultas en una base de datos, éstas se ordenan alfabéticamente en el cuadro de lista **Tablas/Consultas** del asistente.

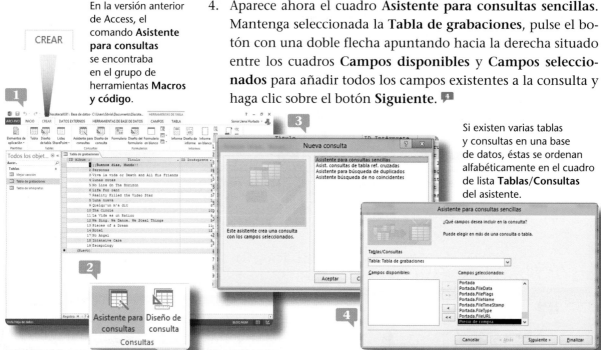

097

5. En este paso es posible indicar si la consulta mostrará en detalle cada campo de cada registro o bien efectuará un resumen del contenido. En este caso, puede configurar los datos que deberá mostrar. Mantenga marcada la opción **Detalle** y pulse en **Siguiente**.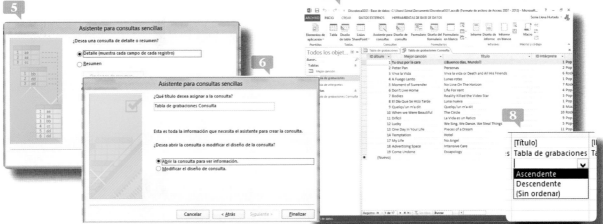

6. En el siguiente paso del asistente, respetaremos las opciones establecidas por defecto incluyendo el nombre que el programa asigna a la nueva consulta. Pulse el botón **Finalizar**.

7. Aparece una nueva ficha de estructura similar a la **Tabla de grabaciones**. Sin embargo, su título nos informa de que se trata de una consulta. Vamos a ver el diseño de esta consulta. Haga clic en el último icono del grupo de acceso directo a vistas, correspondiente a la herramienta **Vista Diseño**.

8. Se carga la ficha contextual **Herramientas de consultas**, desde cuya subficha **Diseño** se llevará a cabo la personalización de la consulta. A continuación, ordenaremos la consulta según el campo **Título**. Pulse en la celda **Orden** de este campo en la cuadrícula de la parte inferior, haga clic sobre el botón de punta de flecha que aparece y seleccione la opción **Ascendente**.

9. Pulse sobre el comando **Ver** del grupo de herramientas **Resultados**, en la subficha **Diseño** de la ficha **Herramientas de consultas**, para volver a la vista **Hoja de datos**.

10. Efectivamente, la consulta muestra los registros ordenados de forma ascendente según el campo **Título**. Pulse el botón **Cerrar** de la pestaña de la consulta y, en la ventana que le pide confirmación para almacenar los cambios de la nueva consulta, pulse el botón **Sí**.

> **IMPORTANTE**
>
> Una consulta formula una pregunta sobre los datos incluidos en una tabla y devuelve un resultado en forma de hoja de datos sin modificar los contenidos en esa tabla. Una vez creada una consulta de selección, se puede usar siempre que sea necesario para recuperar y presentar datos o para proporcionar datos a los formularios.

Utilizar autoformularios

LOS FORMULARIOS SON LOS OBJETOS DE LA BASE de datos encargados de presentar la información almacenada en las tablas de forma ordenada y con un diseño efectivo que facilite la comprensión de los datos presentados. Los formularios sirven para añadir, editar, ver e imprimir datos en una tabla o consulta de la base de datos.

1. En este ejercicio, vamos a crear nuestro primer formulario basado en la **Tabla de grabaciones**, utilizando para ello un autoformulario. Empecemos. En la Cinta de opciones, haga clic sobre la pestaña **Crear**. **1**

2. Access cuenta con un grupo de herramientas denominado precisamente **Formularios**. En este grupo, haga clic sobre el comando **Formulario**. **2**

3. En esta versión de Access no existe el comando Autoformulario, sino que utilizamos el comando **Formulario** para crear objetos de este tipo de forma automática. Al pulsar este comando, aparece en pantalla el formulario que muestra todos los campos contenidos en nuestra tabla. Además, el formulario adquiere de forma automática el mismo nombre que la tabla de origen. **3** Vamos a desplazarnos por los distintos registros

del formulario. Para ello, en la barra de registros situada en la parte inferior del formulario, haga clic sobre el botón que muestra una punta de flecha que señala hacia la derecha. ◼⁴

4. Compruebe tanto en la barra de registros como en el campo **ID álbum** del formulario que nos encontramos en el registro número 2. ◼⁵ También puede saltar de registro en registro pulsando la tecla **AvPág** del teclado. El botón que muestra una punta de flecha junto a una barra vertical nos lleva directamente al último o al primer registro del formulario. Pulse en este caso sobre el botón que muestra la punta de flecha que señala hacia la derecha. ◼⁶

5. Nos encontramos ahora en el último registro. ◼⁷ Observe que en este caso el número del registro y el ID del álbum no coinciden. Esto se debe a los movimientos realizados sobre los campos de la tabla original. El botón de la Barra de registros que muestra una punta de flecha junto a un asterisco de color amarillo permite, como veremos más adelante en este libro, crear nuevos registros, insertando nuevos datos. Vuelva al primer registro pulsando sobre el botón que muestra una punta de flecha que señala hacia la izquierda junto a una línea vertical. ◼⁸

6. Terminaremos este ejercicio cerrando el nuevo formulario y guardando los cambios. Para ello, haga clic en el botón de aspa del formulario y, en el cuadro de diálogo **Microsoft Access**, pulse sobre el botón **Sí**.

7. En el cuadro de diálogo **Guardar como**, mantenga el nombre propuesto por el programa y haga clic en **Aceptar**. ◼⁹

Crear un formulario con el asistente

EL ASISTENTE PARA FORMULARIOS CONSISTE, básicamente, en una serie de preguntas que Access formula acerca de los datos que desea incluir en el formulario, su distribución en pantalla, su aspecto, color, fuentes, etc. Es posible aplicar los atractivos temas de Office a los objetos de una base de datos (también a los formularios), para darles una apariencia profesional.

1. En este ejercicio le mostraremos cómo crear un nuevo formulario utilizando para ello el Asistente para formularios. En este caso, la tabla en la que se basará el formulario es la denominada **Tabla de intérpretes** y mostrará sólo el Id del intérprete y su nombre. Vamos allá. Haga clic sobre la pestaña **Crear** de la **Cinta de opciones**. 🗨

2. En el grupo de herramientas **Formularios**, pulse sobre el comando **Asistente para formularios** para iniciar así el proceso. **2**

3. Aparece el cuadro de diálogo **Asistente para formularios**, donde debemos indicar, en primer lugar, de qué tabla o consulta se tomarán los datos y qué campos deberán aparecer en el formulario. Despliegue el cuadro de lista **Tablas/Consultas** y elija la **Tabla de intérpretes**. **3**

4. El cuadro **Campos disponibles** se actualiza mostrando los campos incluidos en la tabla seleccionada. En este caso, añadi-

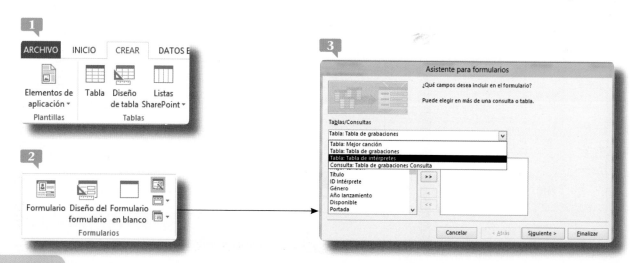

remos sólo dos campos. Con el campo **ID Intérprete** seleccionado, pulse sobre el botón que muestra una flecha que señala hacia la derecha.

5. Ahora, con el campo **Nombre intérprete** seleccionado, pulse de nuevo sobre el mismo botón.

6. Una vez le hemos indicado al asistente que deseamos incluir estos campos de la tabla indicada en el formulario, pulse el botón **Siguiente**.

7. La nueva ventana del asistente nos muestra una representación gráfica del formulario que se está generando y nos ofrece la posibilidad de modificar su aspecto. En este caso aceptaremos la opción marcada por defecto, **En columnas**, y pasaremos a la pantalla siguiente. Nuevamente, haga clic sobre el botón **Siguiente**.

8. En este paso el asistente nos propone un nombre para el formulario que, como es habitual, coincide con el nombre de la tabla seleccionada. Asimismo, la opción inferior propone abrir el nuevo formulario una vez creado. Escriba en el campo **¿Qué título desea aplicar al formulario?** el término **Intérpretes** y pulse el botón **Finalizar**.

9. El nuevo formulario aparece en pantalla mostrando los dos únicos registros incluidos. Como puede ver en la Barra de registros, este formulario consta de 13 registros. Termine este ejercicio cerrando el nuevo formulario.

IMPORTANTE

Si necesita incluir todos los campos de la tabla en el formulario, puede pulsar el botón con una doble flecha y todos los campos se situarán en el cuadro **Campos seleccionados**.

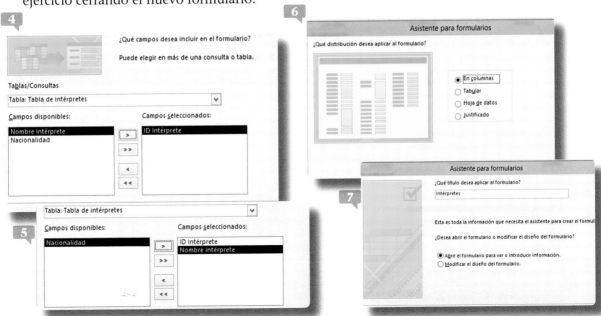

Crear un informe con el asistente

LAS HERRAMIENTAS DE CREACIÓN DE INFORMES de Access 2013 permiten crear informes sencillos o complejos a partir de los campos incluidos en una tabla. El Asistente para informes es una práctica y sencilla guía paso a paso que facilita la creación de informes a través de distintas pantallas en las que se debe especificar las condiciones que tiene que cumplir el informe.

1. En este ejercicio crearemos un informe basado en nuestra **Tabla de grabaciones**. Para empezar, haga clic en la pestaña **Crear** de la Cinta de opciones y pulse sobre el icono **Asistente para informes**, que muestra un informe con una varita mágica en el grupo de herramientas **Informes**.

2. Se abre de este modo el Asistente para informes. En el primer paso debemos especificar la tabla o consulta de donde procederán los datos del nuevo informe así como definir los campos que aparecerán en él. Despliegue el campo **Tablas/Consultas** y elija la opción **Tabla: Tabla de grabaciones**.

3. Queremos que en el informe aparezcan todos los campos de esta tabla. Para que todos los campos disponibles se añadan al cuadro **Campos seleccionados** pulse el botón con dos puntas de flecha hacia la derecha y haga clic sobre el botón **Siguiente** para pasar a la siguiente pantalla del asistente.

4. El segundo paso del asistente nos pregunta si deseamos agregar algún nivel de agrupamiento. En este caso, estableceremos

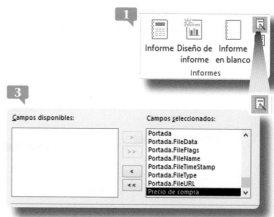

que los registros se agrupen según el valor del campo **ID álbum**. Puesto que este campo ya se encuentra seleccionado, haga clic en el botón de punta de flecha hacia la derecha para crear el nivel de agrupamiento y pulse el botón **Siguiente** para continuar. 🔲

5. El nuevo paso del asistente nos pregunta en función de qué campo ordenaremos los registros. Debe tener en cuenta que los datos aparecerán ordenados por el campo **ID álbum** en primer lugar, es decir, por el campo por el que se agrupa la información. Pulse el botón **Siguiente**. 🔲

6. En esta ventana, entre otras cosas, puede decidir la distribución de la información en el papel y su orientación. Por defecto, la orientación es vertical y la distribución, en pasos. Nuevamente, pulse el botón **Siguiente** sin realizar ningún cambio.

7. Tal y como indica el asistente, ésta es toda la información necesaria para crear el informe, que, por defecto, se llamará igual que la tabla de la que toma los datos. Mantenga seleccionada la opción **Vista previa del informe** 🔲 y pulse el botón **Finalizar**.

8. Aparece en pantalla el informe resultante en una vista preliminar. Observamos que el campo utilizado para agrupar los datos es el denominado **ID álbum**, tal y como se indicó en el asistente. Cierre la vista previa del informe pulsando el botón **Cerrar vista preliminar**. 🔲

9. Para acabar, guarde los cambios pulsando el icono **Guardar** de la **Barra de herramientas de acceso rápido** y cierre el informe desde su correspondiente botón de aspa.

IMPORTANTE

Al crear un nivel de agrupamiento, se activa el botón **Opciones de agrupamiento**, que da paso al cuadro **Intervalos de agrupamiento**. Desde ese cuadro es posible definir los intervalos de agrupamiento que se aplicarán a los campos de grupo.

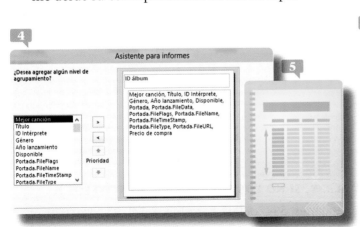

Las opciones de resumen suelen utilizarse en caso de que existan campos con valores numéricos.

Para continuar aprendiendo...

SI ESTE LIBRO HA COLMADO SUS EXPECTATIVAS

Este libro forma parte de una colección en la que se cubren los programas informáticos de más uso y difusión en todos los sectores profesionales.

Todos los libros de la colección tienen el mismo planteamiento que éste que acaba de terminar. Así que, si con éste hemos conseguido que aprenda a utilizar las funciones comunes de los programas de la suite ofimática de Microsoft o ha aprendido algunas nuevas técnicas que le han ayudado a mejorar su conocimiento de Office 2013, no se detenga aquí; en la página siguiente podrá encontrar otros libros de la colección que pueden ser de su interés.

PROGRAMACIÓN PARA EXCEL

Si lo que le interesa es Visual Basic para Aplicaciones, en lo que a programación para Excel se refiere, entonces "Aprender a programar con Excel VBA con 100 ejercicios prácticos" es, sin duda, el libro que le interesa.

Gracias a este manual a color adquirirá los conocimientos básicos sobre Visual Basic para Aplicaciones, en lo que a programación para Excel se refiere.

Con este libro:

- Grabe y utilice macros desde Excel
- Cree botones de acceso directo a éstas en sus libros, en sus barras de herramientas y en la cinta de opciones
- Edite desde Visual Basic para Aplicaciones los códigos de las macros grabadas y escriba códigos íntegramente desde el editor
- Conozca el ABC del lenguaje de programación de Visual Basic
- Practique con la sintaxis de las principales palabras clave usadas en la programación para Excel

SISTEMAS OPERATIVOS

Por otro lado si su interés está más cerca del funcionamiento del sistema operativo más popular del momento, entonces su libro ideal es "Aprender Windows 8 con 100 ejercicios prácticos".

Microsoft lanza una nueva versión de su sistema operativo cargada de novedades tanto visuales como funcionales. La principal salta a la vista nada más arrancar la sesión: una nueva pantalla de inicio personalizable que muestra los iconos de acceso a los programas Metro y a las aplicaciones que se vayan instalando en el equipo y desde la cual es posible acceder al tradicional Escritorio.

Con este libro:

- Conozca la nueva interfaz Metro de Windows 8
- Practique con la Cinta de opciones del Explorador de archivos
- Trabaje con el renovado y avanzado Administrador de tareas
- Use las nuevas herramientas de seguridad y mantenimiento para que su equipo esté siempre lo más protegido posible

COLECCIÓN APRENDER...CON 100 EJERCICIOS PRÁCTICOS

DISEÑO Y CREATIVIDAD ASISTIDOS

- 3ds Max 2013
- 3ds Max 2012 Avanzado
- AutoCAD 2009
- AutoCAD 2010 (TAMBIÉN EN CATALÁN)
- AutoCAD 2012 Básico
- Flash CS6
- Illustrator CS6
- Indesign CS6
- Dreamweaver CS6
- Photoshop CS6
- Retoque fotográfico con Photoshop CS6
- Crear su primera página web
- Integración entre Photoshop, Illustrator e inDesign

INTERNET

- Internet Explorer 8
- Windows Live

OFIMÁTICA

- Access 2013
- Excel 2013
- Office 2013
- PowerPoint 2013
- Word 2013
- Fórmulas y funciones con Excel 2010
- Programación con Excel VBA

SISTEMAS OPERATIVOS

- Las novedades de Windows 7
- Windows 7 Avanzado
- Windows 7 Multimedia y Nuevas tecnologías
- Windows 8